明日學校

杜威論學校教育

約翰・杜威——著　呂金燮、吳毓瑩——譯

J O H N　D E W E Y

SCHOOLS OF TOMORROW

目錄

【推薦序】預言成真（雜學校創辦人蘇仰志）　006
【譯者序】百年走來，明日就在今日（國立臺北教育大學心理與諮商學系教授吳毓瑩）　009
【導　讀】學會生活：明日學校的校訓（國立臺北教育大學特殊教育學系教授呂金燮）　015
前言　037
第一章　教育即自然發展　Education as natural development　041
所謂自然就是在成年之前，讓每個孩子就是孩子自己。如果我們不循序漸進，那最後的結果將如同一個強摘的果實，不成熟且索然無味、腐敗的速度遠快過於其熟成的速度。
第二章　教育為自然發展的實驗　An experiment in education as natural development　055
遵循著自然發展，孩子會因自己的求知慾而自主地學習讀書、寫字、數學、地理……。我們必須讓孩子自己產生求知的慾望，讓他們發現自己的需求。

第三章 **自然成長的四個因子** Four factors in natural growth 075

在梅里亞姆這所附設小學，一天分別用以進行遊戲、故事、觀察與手工四個時段。這些活動都與生活息息相關，孩子們的學習過程是自發、享受的，且在學會後可以馬上獲得實用價值。

第四章 **課程的重整** The reorganization of the curriculum 091

孩子不是透過讀書或是在課堂聽著講解怎麼吃東西、避開火源等，而是藉由一次次地自己吃飯、燙傷自己來累積經驗——透過不斷地實作來學習。「做中學」就是許多教師調適課程的寫照。

第五章 **遊戲** Play 121

要盡可能讓兒童自己解決問題，如果他們想要彈珠，就會自己實驗，直到他們找到一個好的方法來使東西變成圓形。

第六章 **自由與個體性** Freedom and individuality 141

對於學生來說，自由是一種可以檢驗所有世界上人事物的衝動和傾向的機會，藉由這些檢驗，他會發現他自己，充分地發現這些人事物的特質，以便他可以擺脫那些有害的東西，並發展那些對他自己和他人都有用的東西。

第七章　學校與社區的關係　The relation of the school to the community　165

學校是社區美好生活的一部分，如同社區中的消防隊與警察局。社區多方運用青少年的能量與興趣，就會發展出具有社會性的學校以及建構這種學校所需要的資源，學校將會協助學生發展出社群情懷與興趣。

第八章　學校是社會安定之所在　The school as a social settlement　193

要抵抗剝削的最好方法，就是從小開始教育孩子如何清楚的思考，以及如何照顧好自己。擴大運用學校設施，不僅訓練年輕人承擔起自我改善的責任，更提供社區所欠缺的娛樂、社交以及進步的機會。

第九章　產業與教育調整　Industry and Educational Readjustment　209

閱讀、寫作以及算術，這3R因為有用而被教導。這些科目可以讓人民自足、變得更好，在商業變化中提供更好的經濟服務。學校應該引起學生的問題和興趣，引導學生在學校期間和離開學校後，都能自己尋找歷史、科學、傳記和文學等領域的材料。

第十章　經過產業洗禮的教育　Education through Industry　223
工作室課程提供學生在理論和過程的知識，因為學生們不是要學習成為木匠、電工或裁縫師，而是要了解生活中的工作是如何完成的。所有技術高中都得到一個結論，就是學生都喜歡上學並享受學習，因為他們看到所學的課程會把自己帶去哪裡。

第十一章　民主與教育　Democracy and Education　247
辦學目的不為少數學生，才符合民主社會的真正需要。

【推薦序】

預言成真

雜學校創辦人　蘇仰志

「如果杜威還在世，他一定會愛上台灣！」

這個不太乖的思想家與教育家，竟然在一百年前提出了這麼多前瞻思維的教育理念，更令人欽佩的是，他的實踐動能，不僅在一八九六年自己創立了一所實驗中學作為他教育理論的實驗基地，更是到世界各國宣揚他的理念，創造最大化的社會影響力。對後世有著巨大的影響當然也不在話下，只是到百年後的今天，很多具理想主義色彩的理念也還是具有高度的爭議性，甚至有很多學者絲毫不留情面的批評，這很難在學校中廣泛的應用，一是這樣的老師很難培訓，二是學校系統中沒有這樣的資源與情境基礎，尤其是社會當中所有利害關係人的不支持。然而，可以確信的是，在民主教育理念蓬勃發展與公民社會開始成熟的當下，我有著更為樂觀正面的想法。正是因為他對我影響至深的兩個重要理論基礎：「尊重個體發展」的意圖以及「塑造社會性終身學習生態」的啟發。

前者在杜威一九一六年的《民主主義與教育》這本巨作中可具體的看見，他巧妙地將哲學、教育與社會改革融為一個思考體系。有關於他在教育上的「民主」概念，是一種聯合生活的方式，是一種共同交流經驗與個人各種能力的自由發展。也就是說，社會要變好，就是要尊重每個個體的首創精神和適應能力，創造一個像「生物多樣性」生態一樣的理想標準。再者他認為必須用民主的思想來改造教育制度以培養民主社會的公民，民主社會是教育發展的沃土，只有高度的公民文化以及包容多元的社會，才能往他心目中的教育理想邁進！（這不就是台灣嗎？）

「塑造社會性終身學習生態」體現在杜威提出的「教育即生長」的持續性，這是在一個社會生活繼續不斷演化的本質基礎上，教育是在社會集體生活中的差異產生與經驗的交流，正是這樣的多樣相互交流，使得人類生活的經驗可以不斷地更新和傳遞，從而推動了社會發展。然而杜威也前瞻性的指出，人類的生活是在不斷快速發展變化著，我們無法知道未來社會與生活是什麼樣子，所以在每個時代當下必須能與時俱進的相互連續作用，而學校最主要的功能是養成能使生長繼續進行的能力。所以學校作為一個雛形的社會，要與社會緊密聯繫，與生活連貫一氣，兩方面必須有適當的平台能自由地相互影響，最後每一個人都可以找到屬於自己的天賦與熱情，在社會裡找到適切的位置持續的自主學習。(這不就是「雜學校」嗎?)

我不是教育專業背景,認識杜威也是因為在做「雜學校」這個社會創新行動過程中的機會效應,然而令人興奮的是,在此時此刻持續探索改變教育的同時能有《明日學校》的中譯版出現,給了我更多的印證與啟發。我常說我們常常在談教育時都太專注在「外在」與「效能」上,卻忘記應該回到「身為一個人」該有的樣貌,因為個人的差異才是社會真正的財富。民主社會容許個人的自由,使殊異的天賦與興趣才能各得發展,這也是台灣最重要的價值,不是嗎?真心地期盼我們在不久的將來,真的可以持續讓改變成真,讓杜威的「明日學校」理念就在台灣發生。

【譯者序】

百年走來，明日就在今日

國立臺北教育大學心理與諮商學系教授　吳毓瑩

我與金燮在翻譯《明日學校》過程中，常常想起我們的好友，顏學誠，臺灣大學人類學系副教授。本書在第九章「產業與教育調整」中，提到「學校（school）」一詞的希臘文字源有「閒暇（leisure）」之意。如杜威百年前所觀察，歐美國家當時在廣設公立學校、教育普及的歷程中，確實離不開貴族閒暇階級對於學習的設定——學習知識、動腦思考、不動手勞作，涉及手與身體部分越少者，表示智能（intellectual）等級越高。人文教育（liberal education）同時也帶出了另一個相關概念，就是自由（free），意指不需要勞動服務的自由，且悠閒貴族所學習的內涵，包括哲學、神學、數學、邏輯、文學與語言等。當時杜威看到產業普設、產品製造與流傳越加快速，深感產業教育的調整有其文化習慣上的困難，然改革的進行卻也不得不然。

翻譯到這兒，彷彿看到中世紀貴族們學習典籍的田野現場，便想與學誠對話。那麼，漢字的「學校」一詞，源頭出處是什麼，這樣的源頭三千年來如何影響華人對於教育的想像？一百年前的杜威，憂心教育在「強迫成就」與「自然發展」兩端間的衝突（請見第一章）。我與學誠在二〇一五年所寫的文章，提到《社會移動與個人發展之衝突》（*The conflict between social mobility and individual development*），文中提及臺灣的教育改革不論改了哪些機制，如班級人數、教師專業社群、課程課綱等，其中最糾結人心的，還是影響孩子進入哪個學校的入學測驗方式，包括國中升高中的會考、以及高中生大學的學測與指考。而入學測驗分數與學校的排序等級相互關聯，最終，指向我們的結論——無論教改如何進行，改不掉的是一般人咸相信教育主要功能在於配置資源，促成個體向上移動，階梯觀念深植人心。從學校到學生、從機構到個我，大家排序在階梯上，個體的獨特性往往遭受某些犧牲。

學誠癌症病發、治療、復發、再療過程中，仍念念不忘世界和平的理想。學誠發現在陌生人彼此間愈來愈繁複接觸的社會中，證照與等級提供了清楚具體的任用與交往保證，社會秩序得以穩定，在人類發展歷程上，是一個有智慧的好方法，同時也加速且有效化社會的運作。而今的我們，顯然從十二年國教的議題到大學入學方式的改革，關心的重點在於階梯排序所帶動的資源分配是否公平之議題上，蓋過了個人獨特性的發展。二〇一八年指考放榜時，大學入學率已高達96%，人人有大學可以讀，即便在此情況下，學校仍舊有排序高低之別，依舊與學習結果相互映照。

我們顯然很難排除這樣的文化習慣，那麼個體的獨特性，如何在這樣的文化下得到發展，教育的下一步要如何走？從強迫成就到自然發展，在華人世界中，排序從魏晉的九品中正制度以來，就是我們的文化習慣。吳寶春的動手做麵包、曾亞妮的運用身體揮桿，在社會民眾心中，等同李遠哲的諾貝爾獎。抽象思考也好，動手動腳也可；是成就導向？還是自然發展？

我們終究會問，等級如何，代表著資源與前景，也指向更務實的生存問題，這確實是華人教育的核心標準。如同佛教的七級浮屠，或是道教的十八層地獄，把等級更細膩地區分，都與基督教的天堂與地獄的二元劃分，大大的不同。我們真想與學誠聊聊，華人歷史上溯三、四千年，在東亞這片大陸上，從北方大漢到南方小個，從東邊討海到西邊吃山，族群混合的結果，使得我們在考慮教育時候，擔心著什麼？最關懷什麼？這真是難解的問題，答案終究要回到我們自身，不在杜威的美國。

我們的老友袁汝儀，臺北教育大學藝術設計學系教授，也寫了一篇論述，提及中國進入高校（大學）的高考與美術教育間的關聯，中學生如何藉由藝術的補習與精進，以參加藝術類的高考進入高校來改變命運。同樣地，民眾的核心考量不是人文教育或是藝術鑑賞，而是學習成就與資源配置間的連結，這就是常民對於教育的期待——向上流動。讀書這件事情，自隋文帝創科舉以來，也確實提供了向上流動的擔保。台灣教改二十年，不斷在改革考試方式，企圖拉大級距，模糊分數區隔，我們困境在於，是否可以打破成就階梯與資源配置的連結。廣設大學的理想境界是，校校有特色、人人有風格、資源隨處有，分配不煩惱。可能嗎？答案未知，然我們已經在這條路上，迂迴、後退、與前進。

成書過程中，還等不及完稿，想好好與學誠討論，他竟已離開人世。汝儀念念不忘的藝術教育，搖身一變，成為資源分配的重要工具。她的遺著，為藝術教育在華人世界中，描繪了一個文化導向的轉彎。

我們一群夥伴，十人，一起讀書寫書，也十年了。完成《華人教養之道—若水》，以及《*Education as cultivation in Chinese culture*》（華人文化之教育與教養）。十年以來，杜威一直出現在我們的討論中，我們總是不禁地望向美國，看看他們的教育如何走法。今有此機會，把杜威所讚許的學校以及教育方式，儘量原汁原味翻譯描繪出來。雖然只有我與金燮雙人組，然而，我一直感受到過去十年的討論內涵，以及十人相互論辯的火花，雖然已有兩位夥伴身不在此世，仍舊充滿在我們雙人組心中，與杜威的言語激盪著。

現在我們已經走到了杜威百年前所描述的明日學校，杜威描繪的社會，雖然存在於百年前，我們閱讀起來也活生生覺得那不就是當代嗎？

> 學習機構誕生於昔日生活中產業並不重要的時候，然而現在實際上所有政治與社會事務都圍繞在經濟問題上。這些問題形成於過去科學與製造業以及貨物流通之間沒有正向連結時，然而現在製造、鐵路、電化交通以及日常生活設備等，都來自科學的應用。經濟變化造成人與人間相互依賴，也強化了相互服務的理想。（p.210）

> 人口移動到市區中心，產業變成大量生產，大型工廠設立，取代了小型家庭工業。產業不再是地區與社區的關心事，蒸氣與電化交通設施把產品帶到遙遠的市場，甚或是世界市場。製造業分工成更多不同的過程，透過經濟運作，需要更多樣化的勞工。（p.216）

> 過去也從來沒有像現在這樣，個人的工作會影響到別人的福祉到這麼大的幅度。當代的產品製作狀況和商品交換情形，全世界都達到了前所未有的程度。今天的戰爭，可能會導致數千英里遠的銀行關閉、商業癱瘓。（p.219）

此時的學校，像不像杜威讚許的明日學校？今日學校符合杜威百年前所描繪的明日學校嗎？這就有請讀者仔細讀後，來比較與思索了。

我們在翻譯時，儘量使用杜威的用詞，而非目前台灣盛行的說法。例如，杜威所強調的自然發展（natural development），與大家現在常談的適性發展，並不相同。

前者尊重學習者個體的自然性，而後者是帶著目的與價值來與學生的特性配合調整教育。即使一般用語，例如智能，我們還是標出了英文intellectual，以讓讀者感受到英文用詞的意涵，更含有知識分子的高層思考意味。

感謝商周出版邀請翻譯《明日學校》一書，我與金燮當下就答應下來，欣喜商周出版對於教育的興趣，高興看到不同領域工作者對於教育的關懷。

謙謙華人，靈動臺灣人，對於教育，下一步是什麼呢？

參考書目

《華人教養之道——若水》，呂金燮、吳毓瑩、吳麗君、林偉文、柯秋雪、徐式寬、袁汝儀、蔡敏玲、閻鴻中／著。心理出版社（2009）。

「先秦諸子與陌生人：一個社會秩序的研究」，顏學誠（2003）。《考古人類學刊》61，3-38。

《*Education as cultivation in Chinese culture*》(Series: Education in the Asia-Pacific region: Issues, concerns and prospects, vol. 26). Hsu, S., & Wu, Y.-Y.。Springer (Eds., 2015).

「Art transforms destiny: The unified examination and fine art education.」Yuan, J.-I (2015). In《*Education as cultivation in Chinese culture* 》(pp. 149-180). S. Hsu & Y.-Y. Wu (Eds.), Springer.

「The conflict between social mobility and individual development.」Yen, H.-C., & Wu, Y.-Y. (2015). In《*Education as cultivation in Chinese culture*》(pp. 201-221). S. Hsu & Y.-Y. Wu (Eds.), Springer.

【導讀】

學會生活：明日學校的校訓

國立臺北教育大學特殊教育學系教授　呂金燮

我想教會他生活。——盧梭・愛彌兒

「學會生活？」既沒有學問，更不是專業，怎能成為明日學校的校訓？杜威這個老掉牙的理念能給二十一世紀的我們什麼有用的啟示呢？明日學校的校訓應該是創造性、突破性的、偉大的理想；或者，至少應該像北歐的「芬蘭經驗」，一個各國競相效仿的學校教育成就，才足以構築明日學校的校訓。「學會生活」很多讀者不但會不置可否，尤其愈專業的教育學者愈鄙視「生活」這個名詞，所以杜威在第一章開宗名義就引用盧梭的話：「我們愈是受教育，我們就愈偏離正軌。」(p.42)

我們翻譯這本書，正是企圖要從杜威的智能遺產中，獲得對台灣教育的啟示，尤其歷經二十多年教改之後的台灣，兩個教育的發展主流已然成形，正如杜威在第一章中所描述的教育現象，一個極端是「強迫成就導向」，另一極端是「自然發展導向」。我們在兩個極端之中，急切找出一套有效的教育制度，此刻正需要對杜威的教育哲學觀點多一些理解，避免錯誤認知與期待。

「教育即生活」是國內對杜威教育哲學的普遍理解，因為太普遍，朗朗上口後我們往往低估這個概念的重要性。細讀杜威的重要著作，我們的確可以清楚可見「教育即生活」是杜威畢生的職志，而《明日學校》可以說是杜威教育哲學中最具體也最易懂的一本書，杜威其他的著作風格艱深難解，連心理學之父威廉·詹姆士（Williams James）都有意見。《明日學校》出版於一九一五年，當時杜威五十六歲，這一年是杜威教育專業上的巔峰時期，同時期著作《德國哲學與政治》（*German Philosophy and politics*）以及《學校與社會》（*The School and Society*）的修正版，當年度杜威共同創辦美國大學教授學會（American Association of University Professors），同時擔任首任主席。隔年他發表《民主與教育》（*Democracy and Education*），《明日學校》的最後一章就是這本書的序曲。

《明日學校》出版時，教育學術界的反應非常平淡，例如「有趣」[1]但是沒有新意是最普遍的回應。其中比較多評論的是杜威對主流教育過度強調3R（閱讀、寫作以及算術）的重要性的，因為「學校一定要教閱讀，雖然閱讀的教學常被批評在某些程度上太制式而且沒有效率。」[2]杜威並不是認為閱讀不重要，他要改變的是學習閱讀的方法與目的，以及對閱讀的過度重視而忽略其他學習的趨勢。

避免讀者和當初學者一樣對《明日學校》錯誤的期待，我們得非常明白杜威和他的女兒寫這本書的用心，杜威在前言中明確說這本書的目的在：「試著呈現出當學校將教育理論實際應用後所能夠產生的效益，每個例子都有其獨特的方式」。而書中所列舉的學校，皆由為了給孩子最好的教育「日夜不懈」、「誠懇踏實」的教師所領導。這些教師致力於找出一套確切的教育理念。杜威用這本書肯定並支持這些努力，為他們指出這些理念背後能夠進行的實際運用，以及當時美國教育方針的走向。

同時，杜威也強調這本書的目的，「不是提供一套關於教育的完整理論，亦非探討目前較為出名之教育工作者的論點；這不是一本關於教育的教科書，也不是對心力交瘁的教師或滿腹牢騷的家長解釋新式教育方式的工具書。」(p.37)

但是仔細分析本書的內容，我們會發現杜威引用了十九到二十世紀初國際知名的教育學者，例如盧梭、福祿貝爾、佩斯塔洛齊以及蒙特梭利夫人，同時從多元的角度論證一個實際的案例，認為這是提供給現場教師與教育工作者整合理論與實踐的最佳

1 伊利諾大學的教授 J. Henry Johnson.

2 一九一六年《*Elementary School Journal*》的評論，學者推測可能是主編。

教育論述，一點也不為過。一九一九年，杜威應胡適先生邀請到大陸巡迴演講二年二個月，在北京有所謂「五大演講系列」。一九二〇年蘇聯派遣一個團隊到美國辛辛那提取經，可以看出這本書對教育改革者的魅力。閱讀此書的讀者比較需要審慎的是，杜威在此書讚揚進步主義的學校教育，但是忽略了指出許多學校對進步主義教育哲學的詮釋與他的概念間的出入，尤其對「兒童中心」和「自然發展」的錯誤詮釋，對這些錯誤教育（mis-educative）的分析，杜威在一九三八年出版的《經驗與教育》一書中做了彌補，但是這些多元、甚至錯誤的詮釋，至今仍是進步主義教育中的最大隱憂，這部分已有許多論述，不在此詳述。

相對於其他的教育理論隨著世代更迭，緣於對教育實踐層面的關注與理解，杜威的教育哲學百年來深及美國以及現代的學校教育，例如哈佛大學的零計畫和目前各國為了提升未來競爭力競相投入的專案／主題探索學習概念。而從芬蘭經驗、或者早先荷蘭經驗的學校教育所達成的成就，雖然不是掛著杜威學校的名稱，但是學校教育的理念與教學方式與明日學校「自然發展導向」不謀而合。**杜威不愧為明日學校的先知**，這是我們決定翻譯這本書的初衷。我們可以說杜威在二十世紀訂定明日學校校訓的目的，在於期待我們建構優質的「明日學校」，而二十一世紀的芬蘭、荷蘭等北歐國家用自己的方式完成了這個目標。

一、明日學校辦學理念：學會生活

杜威的明日學校，強調的不是形式上的作法，而是骨子裡對學習的信念，如果缺乏明日學校的信念，其他的元素就失去其獨特的重要性。杜威在第七章強調：

> 不論文化本身對於個人而言多麼有趣或是啓發人心，很明確的，公立學校的第一個任務，應該是教導孩子如何生活在這世界中，找到自己，去了解他自己在世界中如何存在，好好開始去適應這個世界。唯有孩子能夠成功做到這些，他才有時間與意向在智能活動中好好接受教化。（p.167）

是的，芬蘭教育的確是明日學校之星，不過，大部分的人都非常清楚，世界上不可能有第二個芬蘭經驗，除非能夠複製芬蘭人的生活。芬蘭經驗傲人之處，不是PISA測驗名列前茅，許多亞洲國家也名列前茅，例如大陸、新加坡和南韓，更何況二〇一二年之後，芬蘭的排名下降，這幾年間，前十名幾乎都是亞洲國家。為何芬蘭仍舊眾所矚目？芬蘭的學生一天在校時間最長六小時，最短三小時，下課時間長達一個小時，幾乎沒有回家作業，上課的內容少，打球、戲劇、藝術、音樂跟國語、數學一樣重要。相對於亞洲國家用多於二倍時間壓力鍋中苦讀的結果，芬蘭經驗雖然不是掛著杜威學校的招牌，卻是杜威明日學校「自然發展導向」有效實踐的成功案例。我們的問題是，把芬蘭學校教育的所有元素組合起來，是否就可以複製芬蘭經驗？想要仿效芬蘭經驗的國家，要移植這些元素並不困難，最大的挑戰是學習芬蘭人的生活哲學，或者說必須用芬蘭人的方式過生活。

杜威更進一步指出，許多專業的教育工作者經常忽略在學校教育與整體教育間的差別，在學校所學充其量只能算是一個人整體教育的表面，是其中的一小部分，但社會卻常用學校學習的結果來評斷一個人優劣，導致「我們常常過度誇大在校學習的重要性，而忽視了日常生活中的學習，這是一件亟需改善的觀念。」要改善這個教育上極度偏差的觀念，杜威絕非要我們降低對在校學習的關注，相反的，他期待我們致力於將日常生活中普遍著重實用效率的學習模式引入校園，找出最有效的教學模式。

面對未知且劇變的未來，我們都急於找出一套有效的教學模式，作為明日學校的指導方針。杜威提醒我們，要找出有效的教學模式，明日學校最重要的問題，不是問學校應該教什麼，而是問：

如果沒有學校，孩子會做些什麼？（p.77）

學校如何能夠幫助孩子把這些本能發展得更好？

實踐這樣理念的明日學校典範應該具有哪些特色？

面向未來，我們焦慮，尤其不斷強調「未來關鍵能力」的國家，用「未來」持續地在孩子身上強加許多過度的期許，促使學校勉強學生在離開學校以前必須累積大量的「未來」資訊和能力。對芬蘭經驗最推崇並急於追星的國家，就屬美國和部分亞洲國家，這些最在乎**PISA**排名的社會，對自己既有成就不滿意，對教育失望，對社會憂慮，累積成對未來的擔心，急於競爭，結果造成對自己的教育焦慮萬分的文化，第一個犧牲的就是學生的生活。杜威引用盧梭的話如此警告我們：

「現行的教育對孩子是殘忍的，我們逼迫他們為了虛無縹緲的以後而犧牲近在眼前的需求。我們將錯誤視為真理，這些錯誤的智慧導致我們的教育永遠都在原地踏步，忽略了現實，卻汲汲營營地追尋一個無時無刻不在變化的未來；我們為了遵循這些錯誤的理論，捨棄了唯一立足點，卻無法換來任何其他進步的成果。」

他更以盧梭的年代和當年美國世代相比，他說：

「如果在盧梭的年代，資訊和知識量已被形容為『一片不可預測、一望無盡的汪洋』，那麼在科學躍進的現代來說，光是大量的知識就足以使教育的定義被扭曲。」(p.52)

這句話在百年後的今天更是貼切。面對未來、面對不可預測、一望無盡的資訊汪洋，教育工作者往往認為「累積能夠被符號化的資訊」以及「策略的訓練」，強調學術抽象思考的學科教學方式或者不斷重複的策略練習，是裝備學生面對未來最有效率的教育方式，杜威稱之為「**強迫成就導向**」。這種教育模式重視知識的量與知識的可遷移性，可以非常具體的被測量，最適合用來做國際競爭的指標。

無庸置疑的，教育是社會改革的重要利器，教育是為了更美好的未來，但是這個概念往往造成一個嚴重的誤解，我們往往誤以「教育」是對未來的投資，教育是為了「成人生活」而準備，也是為了「明日的未來」，用現在的生活去換取未來，縱使學生的現在生活乾燥無味，都在所不惜？杜威認為這是極度錯誤的教育觀念，每一位教育工作者都非常認同孩子必須能夠發展，但是杜威認為孩子「不只發展，還必須自然地發展」（p.99），所以「教育即自然發展」，「自然」的意思並非放縱，而是讓孩子在成為成人之前，就是孩子，讓孩子用他們的方式學習。強調「自然發展」，杜威並不是要我們不要在乎成人社會的需求，他引用盧梭的中心思想：「要協助一個孩子面對成年生活的最好方式，就是讓他在童年時獲得對他來說有意義的經驗。」（p.56）兒童的本性是他們學習活力的來源，「年幼時學了太多用不到的東西會導致學習慾望枯萎」（p.44）。

教育的目的不是給學生更多的知識，而是教導孩子學會明智的生活，要求孩子對事物要有自身的見解，才能喚醒和激起兒童身體和精神上的獨立自主過程，促進孩子自我教導。由此，杜威為「明日學校」設計了「自然發展導向模式」。

二、明日學校有效的教育方式：「自然發展導向」模式

自然發展不等同放縱，避免對「自然發展導向」錯誤的理解與應用，「自然發展導向」的教育模式要成為明日學校有效的教學方式，需要釐清「自然發展」的要素以及「自然發展導向」教學的條件：

(1)**自然發展的三要素**

杜威「教育即生活」教育哲學在一百年後的今天仍然發揮著標竿作用，主要在於杜威用心於「生活」、「經驗」本身，而非像其他學者花費口舌爭論能力的先天或者後天決定，這對每天無時無刻接觸學生的教育工作者而言，是最實用的。

①身心互為一體。杜威強調健康的體格發展與智能發展同樣重要，現代大腦認知神經心理學的研究發現已充分支持他這個主張，身體的活動與智能的發展互相影響，互為一體。如果我們要培育學生的智能，杜威說：「請培育他控制的力量。讓他規律地運動，保持他身體的強健，如此一來才能確保他良善

與明智。」（p.47）在沒有fMRI（功能性磁振造影）的世代，杜威有如此的洞見，不得不讚佩他的智慧。

②自由與紀律互為一體。杜威受盧梭的影響，主張兒童天性向善，不需要嚴苛的紀律，而且「紀律和自由不是矛盾的想法」。教育工作者需要釐清物質自由和智能自由的差異，「自由並不意味著消除自然和人對社區中每個人的生活所施加的制衡」（p.146）作為社會中一員的每個個體，都不應以「自由」為名，放縱衝動，而違背自己和社會的福利。而對於學生而言，「自由是一種可以檢驗所有世界的人事物的衝動和傾向的機會，藉由這些檢驗，他會發現他自己，充分地發現這些人事物的特質，以便他可以擺脫那些有害的東西，並發展那些對他自己和他人都有用的東西。」（p.146）為了具體說明「自由與紀律」相輔相成，杜威詳實的分析比較了蒙特梭利與美國式的自由與紀律的迥異之處，邀請所有教育工作者一起思辨。

③個體性與社會性互為一體。「自然發展也等於是一種社會化的發展」，在教育的歷程中，每件事情的重要程度是依著它在社會關係中的角色而定，學校應該「讓學生了解自己的能力，進一步引導他如何在社會裡將他的能力運用在社交、工作上，而其最終目的是，透過這個過程使學生變成一個更好、更

快樂、更有效率的人。」（p.89）教育工作者最重要的是連結孩童和環境，越完整靈活越好，這不只是為了學生，也是為了社會。

(2)自然發展導向教學模式的三個條件

杜威表示能夠輕鬆的學習對學生並非益事，表示他們沒有真正在學習，自然發展導向不是生活經驗的重複，更非知識的複製，而是面對實際問題帶來的學習經驗，不是讓學習簡單化，而是一種「在困難中學習的藝術」。（p.52）

①理解生活——有目的整體性經驗。地圖不等同世界，「你以為你在教他世界是什麼樣子，但學生學到的不過是一張地圖的樣貌。」（p.51）為了讓學生理解掌握多變的世界，了解他的存在與這多變世界的關係，學生應該培養將有限的訊息與生活活動相互關連的習慣與能力，成功靠的就是這樣的聯繫。有效的教學就不再僅僅是學習量的多寡而已，更是動機和目的性的問題。杜威之所以批評傳統強調學科知識的「勉強成就導向」的教學方式，是因為學科導向的教學容易導致過度強調學科知識，而犧牲兒童的經驗與興趣，這種方式只能說是「裝飾性，對生活沒有實質幫助」，甚至讓學生視為一種強加的「枷鎖」。而他對進步主義教育的批評則是過度重視兒童的特質，而犧牲學生

需要理解現代社會議題、同時從歷史中學習的社會需求。

杜威強調人類知識的基石，皆由對生活周遭事物的認知和透過訓練運用它們的能力而來，由此催生的頭腦將會是簡潔且澄明，因為它是回應現實所產生，所以也能夠適應未來各種可能變化，這樣的頭腦「堅定、敏感且充滿自信。」但是如果只教導每一種知識，沒有以實用為目標，缺乏精通的目標，遇到狀況東拼西湊，無所適從，這種教育方式散亂也極為膚淺。理解生活是一切經驗與知識的凝聚力。

②探究生活——智能化的練習。知識不等同知性，「知識之所以能夠稱之為知識，確保能夠達成實用的智能訓練，只能由密切、活躍地參與各種社會生活中的活動來獲得。」（p.94）生活是探詢和思考的酵母，也是智能文化的指標。杜威向來反對過度強調事實而忽略詩歌、戲劇等遊戲的重要性，「勉強成就導向」的教育容易流於將學習劃分為主要學科，例如3R（閱讀、寫作與數學），而貶低「副科」的學習價值，例如音樂、藝術、戲劇，所有我們視為休閒娛樂的學習內容。殊不知，只講求事實，缺乏想像力，容易導致思想狹隘、感情遲鈍、缺乏創意和同理心的硬邦邦學生。杜威之所以強調遊戲的重要性，在於遊戲是人的天性，更是創造力的溫床，社會上的活動都可以是

廣義的遊戲，掌握遊戲規則是適應社會的重要能力。教育工作者常誤解遊戲是為了讓學生對學習內容感興趣，通常預設「娛樂學生」，輕鬆的活動，事實相反，杜威強調遊戲或興趣的重要性，不是要為生硬的課程內容裹上一層「糖衣」，而是提供學生智能的吸引力。

為了提供智能的吸引力，杜威倡導主題式教學，藉由經驗找出面對問題的方法，讓學習成為一種知性生活。不過，提醒熱衷於專案導向學習（project-based learning）或者問題導向學習（problem-based learning）的教育工作者，杜威強調的主題式教學提供的是一個整體性的經驗，而不是一個拼湊的概念，目的不在主題或者解決問題本身，而是提供探究的學習經驗，促使學生對生活有深刻多層次的理解。杜威認為教育目的在使社會上的每個人善用智能思考，成為問題解決者。對杜威而言，「生活上的專案（project in life）」是智能化的練習（intellectualized practice），讓每個人過著知性生活，而不是練習化的智能（practicalize intelligence），尤其當網路成為我們生活的大部分時，許多人以為我們的知性生活會因為訊息取得的容易而大獲提升，這是極大的誤會。

③建構生活——做中學。動手做不等同做中學，「一個孩子所面對最困難的課

程，都將與實際的操作、身體力行有關，而如果他沒有辦法學著實作，那是再多的書本知識都無法彌補的。」（p.99）實作和建造的第一手經驗，是最費力但最有力的學習方式，實作提供學生自我整合的機會，擴大學生的心智，協助學生找到自己在世界的存在性；就如亞里斯多德說：「人類藉著蓋房子的動作學會建築，因為畫圖的動作而學會了繪畫；所以，只要做勇敢的事，就能變得勇敢。」

但是「做中學」不侷限於動手做，杜威強調的做中學是身體力行的實驗與實踐精神，所以錯誤是必然的，真正的實踐精神是修改錯誤，真正的失敗是重蹈覆轍，無法從錯誤中學習；同時，他鼓勵成長中的年輕人應該早期接受工作的訓練，從事創造性和生產性活動，「透過工作並從其中獲得的經驗教訓，對其工作本身以及對學習者的影響，是印象最深刻且最明確的，最持續且漸進的。」（p.124）

未來的學校教育應該讓每個學生在每日的學校生活中，都有機會投入積極的工作，從而建構社會性的職能，因此，杜威非常強調教育與社會產業連結的重要性。同時他也提醒「勉強成就導向」過度強調學術性向，容易把未來的公民轉變成對於手藝工作沒有同理心，妨礙民主社會的進步。

三、台灣的明日學校

要討論台灣的明日學校，難度很高，教改越認真，體制外的學校教育越蓬勃發展，引發更多社會賢達對教育針砭把脈，帶動更多有志之士投入教育志業。TFT、教育創新100選、翻轉教育、雜學校等，台灣的學校教育進入「戰國時代」，百家爭鳴。台灣對教育的關注與投資如此多，教育人才如此多、創新教學如此蓬勃，這些力量都是打造台灣明日學校的一磚一瓦，前提是台灣明日學校的內在結構體必須具體可見，這些磚瓦才得以有序的整合。

(1)台灣「打拼」的教育實驗精神

台灣是亞洲第一個通過教育實驗法的國家，台灣近二十多年來的教育改革歷程，充分顯示台灣教育的實驗精神。仔細分析二十多年來台灣教育改革的目標，「快樂學習」、「適性揚才」，以及最近的「素養導向」，「明日學校」的理想一直是教改的方向，我們的確看到校園生活有了改變，但是似乎趕不上我們對教改的期待。期待一次的教育改革政策可以立即治癒家庭教育的「補習症候群」，校園中的學生「無聊症候群」以及教師「無力症後群」，每個懂實驗的人都會說，這種期待不符合實驗精神，因為實驗精神是一種朝著既定目標，從錯誤中不斷修正的歷程，不認清這一點，「焦慮症候群」會成為台灣教育的瘟疫。

想像台灣如果有一個杜威「明日學校」或者「芬蘭」學校，看似鬆散的作息時間，看似鬆散的課程內容，看似鬆散的上課方式，有多少家長會抗議？有多少老師不適應？有多少學生會不知所措？這些「看似鬆散」意味著「自然」，也就是說要達成芬蘭經驗，杜威「自然發展」模式，必須「讓孩子就是孩子」，也可以說只要我們願意用「童心」來面對學校教育，教改就成功一半了。我們理解芬蘭用最少的上課時間達成最高的學習成就，如此傲人的學習成就，除了高專業的師資和健全的教學系統，芬蘭人自學精神是關鍵，學校學習只是教育的一小部分，或者表面的一部分。不過度依賴學校教育，不誇大學校學業成就的重要性，重視生活中時刻的思辨歷程，讓學生「自然發展」。這種教育哲學觀不是一次教改達成的，是歷史的人文教育底蘊與尊重兒童本性促成的。杜威在第九章詳述了西方學校教育的演化，從而強調真正的教育調整是「在繼承傳統之書本教育（bookish education）」以及「狹義的務實職業教育」的這兩端間重組，藉以面對社會變遷隨之而來的生活改變，「在這寬廣的目標下所做的教育實驗，更值得我們理解、認可並且以智慧來檢視。」（p.222）

台灣教育改革面對最大的挑戰不是「升學主義」這個假想敵，而是我們用苦讀爭取成功的文化，高等教育是每個人追求的目標和權利，但是當大學教育等同高等教育時，沒有一個社會可以免於升學競爭。我們羨慕的英國和美國等社會其升學競爭並不亞於台灣；所不同的是，我們過於強調「勤能補拙」的重要性，忽略孩子自然本性與智能活動連結對成功學習的重要性。面對現今社會變遷，如果我們期待孩子成為成功的學習者，必須讓學校教育的經驗，甚至每一個學習的經驗，都是愉快的智能活動，因為趨樂避苦是人的本性。為台灣的明日學校創造奇蹟，展現教育的最佳實驗精神，得認清用「閒暇」的概念調和「吃苦」的精神，必須奠基在知性生活的土壤上，才能成功的自然發展，這是我們共同「打拼」的目標，不是打拳的擂台。優質的教育需要「有空」，「在教育上、最重要、最實用的法則就是：不要節省時間，花多少時間都不是浪費」（p.45），每個人都應該參與，因為教育是一輩子的事，如果每個人生活都能轉型，學校教育轉型實驗就非常容易成功；但是，而且，非常重要的是，**優質學校教育的「看似鬆散」**，其實需要高度的專業，是高度「自由與紀律」深層整合的設計，不是隨意的組合，「留白」更是一種藝術，台灣這樣的老師很多，但是我們需要更多；然而，如果每個人隨意指指點點的，「看似鬆散」真的會支離破碎的。

(2) 台灣「自然發展」的學校教育

杜威在引言中強調，之所以選擇本書所描述的這些學校，不是因為他們代表了美國當初最好的學校，而是這些學校既能描繪出當時教育趨勢，又能代表多種不同的類型。誠如上述，台灣學校教育處於「戰國時代」，要討論台灣的明日學校是很挑戰的一件事，不可諱言的，台灣大部分學校教育傾向「勉強成就導向」，但是許多學校開始審視學生的學習需求，建立有效的教學；而體制外學校，尤其理念學校多半強調「人本」、「開放」、「全人」的教育理念，傾向「自然發展導向」，這些努力和成就已經有許多的論述，不在此分析。

台灣的明日學校不必要是杜威式或者芬蘭式的，就像沒有一體適用的教學方式，沒有一種學校教育可以是完美的典範，沒有一所學校能夠滿足所有不同學生的需求；所謂好學校不是沒有問題的學校，好的教育系統不是沒有問題的系統，而是能從解決問題中不斷改善提升的學校。如果台灣這些多元類型的學校，都能盡可能發揮其教育理念的最大可能性，這些台灣的明日學校將可提供學生更多元的教育選擇。

杜威強調「自然」就是「讓孩子在長大成人之前，就是孩子」，然而，我們對「孩子」的定義和期待與杜威迥異，都會父母和偏鄉父母也不同。美國人本心理學家馬斯洛（A.Maslow）在《*Toward a Psychology of Being*》（走向存在的心理學）一書中強調，一個人能夠多優秀，主要在於他相信以及被期待他可以多優秀：「當我們對人的哲學觀改變了，所有事情都會跟著變，不僅是政治、經濟、倫理與價值的觀點、人際關係以及歷史本身會改變，連同教育、心理治療與個人發展的觀點都會改變，甚至協助人，成為他們可能以及真正需要成為的樣貌的理論，都將大不同。」

如果真要嚴謹討論台灣需要怎樣的明日學校，那得審視我們怎麼看待「孩子」？對孩子的期待是什麼？才能避免錯誤期待種在盆栽裡的樹苗要像森林裡的大樹一樣茁壯。就如杜威說「自然發展也等於是一種社會化的發展」，當社會文化價值觀不同，孩子的自然發展樣貌也將改變，學校教育的型態當然也迥異，「課程」、「教學」的有效性，並不存在於政策主導者的思想裡，而是歷史性的、決定性的存在於更廣闊的社區生活文化裡，社會生活文化的成功信念緊緊影響著學校教育的目的性與型態，也決定「好學校」與「好老師」的定義，並且深刻影響著明日學校的辦學理念與教學的有效性。定義台灣的明日學校，也許我們第一個要問的是：在台灣社會中，孩子「自然發展」最茁壯的樣態是怎樣？怎樣的學校教育才能有效協助這樣的發展？

(3)台灣「做中學」的知性生活

美國心理學家布魯納（J.S.Bruner）在《教育的文化》（*The Culture of Education*）

一書中強調「學習科學和學習成為科學家是兩回事」。成為科學家需要學會過科學家的知性生活，而且享受過科學家的知性生活。知性生活，是一種智能的操練，強調除了學校教育之外一般人生活中的學習內容和學習習慣，不過，需要區分的是學習，並不是工作，有些工作很富學習的挑戰性，有些學習本身就是工作。杜威相當重視孩子從生產性的「工作」中學習，這也是西方社會常見的「DIY」文化。家裡的廚房是小科學家的實驗室，後院的車庫是發明家的天堂，孩子從小「DIY」，長大後會是業餘的廚師、藝術家、音樂家，或其他專業的業餘人士。工作的學習態度從小開始，轉換行業更不是問題，連續性的專業發展生活，支持著「行行出狀元」的信念。

近來，台灣的知性生活有了相當大的變化，「DIY」是其中一股風潮，手工藝、個人工作坊熱門，下課打球，下班看球賽的人口逐漸增加中，技職體系的學生在社會大展身手，專業人士轉務農。台灣社會轉型中，生活與專業開始流動，學習的潛在可能性提高，人人在「做中學」。在明日學校的新教育模式尚未成熟，批判教改的同時，或許我們應該更關心，我們的孩子體力是否成長？手藝是否進步？面對生活中事物變化的態度是否積極？生活中是否充滿優美文學和藝術氣息？如果是，我們已經具備明日教育的標準，學校教育只是其中一小部分，不需要太焦慮。那個時候，看到盧梭所說的那句話：「你的學生飽讀詩書，而我的學生則充滿無知，但他們之間的差別就是：你的學生記下了許多的地圖，而我的學生則是繪製那些地圖的人。」我們將不會感慨萬千，而到史丹佛大學參與設計思考工作坊的台灣大學學生更不會怨嘆自己遠渡重洋到史丹佛當高級代工。

結語

「明日學校」是杜威留給我們的智能遺產，稱之為「智能遺產」，是因為他提供我們持續探究的方向和問題，而不是答案。他邀請我們參與對教育「智能化」的實驗，而不是實驗化的智能，這是我們閱讀《明日學校》這本書很重要的認知。所有的理論或論述都是提供教育一種觀點和一種可能性，這對於習慣將理論視為標準答案的台灣教育，是特別需要提醒的部分。

同時，更需要提醒對凡事習慣「高期待」的我們，要對台灣的教育有信心。我們的學校教育始於清末開始的西化運動，至今百年，加上近二十年台灣教改的積極作為，校園多元化，越來越多人才在國際舞台發光被肯定，雖然未達理想，仍須再接再厲，我們應該為自己達成這樣的成就給予肯定。

為了更好的明日教育，首先我們得學會生活，珍視生活，從生活中啟發學習，奠定未來成功的基石；其次我們得承認教育改革成功的關鍵是實驗精神，一次「截彎取直」容易造成洪水氾濫；再者，我們得承認改變是困難的，而我們已經在這個困難中二十多年了，甚至一百年，百年樹人，我們共同努力，「從困難中學習」，台灣的明日學校，指日可待。

前言

本書的目的並非發展一套關於教育的完整理論，也非探討目前較為出名之教育工作者的論點。這不是一本關於教育的教科書，也不是對心力交瘁的教師或滿腹牢騷的家長解釋新式教育方式的工具書。我們試著呈現出當學校將教育理論實際應用後所能夠產生的效益，每個例子都有其獨特的方式，其中有些理論被認為是柏拉圖之後最好且最扎實的，這個被我們默默地忽略、遺忘的「智能（intellectual）的遺產」。這其中一些概念對研究過教育學的教師來說，是耳熟能詳的，甚至是現行教育理論中廣為接納的部分，但當有些教師將這些概念應用在實際教學上時，總被認為缺乏長遠的規劃和指導原則，每每受社會大眾，尤其是其他的教師，譴責為標新立異或隨性。在此我們希望藉由呈現教師應用這些觀點所造成的影響，讓讀者了解教育改革者所提出較被廣泛認同與接納的概念之實用價值。

書中所列舉的學校皆由誠懇踏實的教師們所領導，他們都致力於找出具體的教育基本原則，日夜不懈地為了給孩子們最好的教育而努力著。國內有越來越多學校想要找出一套確切的教育理念，本書的功能在於指出這些理念背後能夠進行的實際運用，以及目前國內教育方針的走向。透過課堂學習的描述，我們希望可以為讀者建構一些理論實際應用的例子。另一方面，我們也在理論方面做了較多的描述，來探討現代教育的需求及目前用來滿足這些需求的方法。

書中選學校的方式或多或少是出自隨機，因為我們已經知道這些學校，或是這些學校恰巧位於我們方便可達的地方。雖說以這些學校為例，遠遠不能夠代表目前教育界為了使校園生活更加繽紛而做的一切努力——擁有相似特點的學校可能在國內比比皆是。空間上的區隔使我們經常忽略一個重要的運動：鄉下學校的重組與農業在教育中的應用。這項運動與書中所列舉的學校有著極為相似的特點，傾向於賦予學生更多自由，並且能夠使學校所學與學生的生長環境、未來工作有所結合；除此之外，更重要的是它能夠彰顯教育在民主社會中所扮演的角色。這些特點看起來是這個時代教育的特徵，並且是所有我們所拜訪的學校裡最顯著的特點，本書中討論的學校只有一所未經拜訪。

若沒有我們所拜訪的眾多學校的教師和校長們所提供的實質幫助和關心，本書將難以完成，我們在此誠摯地感謝他們無私為這本書奉獻的時間，以及提供給我們參考的課堂相關資料，這其中我們要特別感謝費爾霍普（Fairhope）小學的強森女士（Mrs. Johnson）以及小學的喬治亞利桑黛兒小姐（Miss Georgia Alexander）提供了寶貴的資訊及建議。除一所之外，所有學校的參訪皆由杜威小姐（Miss Dewey）所完成，她同時也是書中描述性章節的執筆者。

約翰・杜威

第一章　教育即自然發展
Education as natural development

「我們對童年一無所知，而也正因為我們對它的錯誤認知，我們愈是受教育，我們就愈偏離正軌。最聰明的作家往往致力於探討成年人應該擁有的知識，卻沒有考慮到孩子的學習能力。」這是盧梭在《愛彌兒》這本書中典型的論述。他認為現行教育之所以沒有成效是因為家長與教師只考慮到成年後的成就，而所有的改革都專注在孩子優缺點上。盧梭說過也做過許多愚蠢的事，但他堅持教育應以孩子天生的能力為基礎，因而進一步觀察孩子來找出這些能力為何才是教育的重點，此論點為現代教育打下了堅定的基石。教育不應該是一個強加在孩子們身上的外力，它應該是用以協助孩子們加強他們天生資質的工具。從這之後，教育改革者所提出論述的重點經常是從這套理論所衍生出來。

這裡需要慎重強調，許多專業的教育工作者經常忽略在學校學習與整體教育間的差別。在學校所學到的充其量只能夠算是所謂「教育」中的表面、只能說是其中的一小部分，但這些知識卻是社會上用來評斷一個人是否比其他人優秀的重點。這導致我們常常過度誇大在校學習的重要性而忽視了日常生活中的學習，這是一件亟需改善的觀念，但改善的方法絕非降低我們對在校學習的關注，而是應致力於將日常生活中那種廣泛、著重實用效率的學習模式引入校園，來找出最有效的教學模式。在兒童入學前的幾年時間裡，由於學習事物的動機與他們因能力不足而衍生的需求，有著極緊密的關聯，因此此時他們的學習效率是非常迅速而穩固的。盧梭是最早提出學習與自身需求間關聯的幾個人之一——學習是人類生存、演進的必要工具。如果我們想要了解教育在什麼情況下才能夠有效進行，那麼我們就不應繼續以學校學科式的方式進行教育，這種教育方式只能說是裝飾性的，對生活沒有實質幫助，甚至經常被學生視為一種強加在他們身上的枷鎖。我們應該以孩童的經驗為出發點來設計教學的模式，因為那時期的學習是絕對必要的。

但學校教育卻往往與盧梭的原則背道而馳。學校教育往往沒有隨著孩子的成長、生活來調整教學內容，而只考量到成年人該有的知識量，就將其強加至孩子的教材中，但這些知識大多不是在成長的過程中必要的。「成人當然會擁有許多對孩子而言沒有用處的知識，但這就代表孩子應該要學會這些知識嗎？他有能力學會嗎？光是教會一個孩子對於他現階段而言有用的知識，就已經花掉他絕大部分的時間了，那麼為何要忽略他現在的需求，逼他學那些他用不到的？有些孩子甚至沒辦法活到能夠應用這些知識的年紀。你可能會問，當一個孩子成年後才開始學他當時會應用到的知識，難道不會太晚嗎？我無從得知。但我知道要在成年前學習這些是不可能的，因為經驗和情緒才是我們真正的老師，而一個成人也只有在自己碰到問題時，才知道哪些知識是對他有益、是他該學習的。孩子們都知道他們終究有一天將長大成人，而成人的概念對他們而言，是一連串受教育的機會，但此時孩子不應記掛著這些他能力外的事物。這整本書中所有的論述都是為了支持這項教育的基本原則。」

身為教育工作者，我們最容易、同時也是最不該犯下的錯誤，就是忘記「學習」這件事往往在我們處理現實中的問題時發生。我們甚至認定大腦在本質上是排斥學習的，所以我們才需要連逼帶哄地將知識塞進去——但這就像是認定消化道會排斥食物而進行灌食一樣。許多現行的教學原則都提供了大腦排斥學習的證據——但這些其實是運用他們的教學模式下的結果。我們不認為這些證據代表我們的教學方式是錯誤的，這只不過證明了我們目前所教授的內容，是大腦現階段判斷為無用的知識，或至少沒有明確地指出這些知識的用途。更進一步來說，只有成年人才能有效學習對成人而言有用的知識，而一個成人在仍渴望知識的狀態下，其學習新知的效果，絕對比一個**年幼時學了太多用不到的東西，而導致學習慾望枯萎的人還要好得多**。我們既缺乏信心又對信念遲鈍，我們這些成人對於已經知道的知識感到不安，害怕如果不在孩子們長大、需要用到這些知識前，就把它們機械式地灌輸到孩子的腦袋裡的話，孩子們就永遠都不會學習。如果有一天，我們能夠相信教師與學生在滿足孩子現階段需求的知識，就已足夠他們忙了，而且這才是為將來的學習能力打下穩固基礎的最佳方式，那麼教育理念的轉型將水到渠成，許多我們致力於改善的問題也都將迎刃而解。

如此，我們也不難理解盧梭認為教育必定花費大量時間的觀點。「**教育上，最重要、最實用的法則就是：不要節省時間，花多少時間都不是浪費**。如果人打從一出生就已經能夠進行邏輯上的論證，那麼現行的教育方式就再適合不過了，但事實並非如此，因此，對兒童的自然發展，我們必須尋求另一種相當不一樣的教育方法。」他同時再次地強調：「現行的教育對孩子是殘忍的，我們逼迫他們為了虛無縹緲的以後而犧牲近在眼前的需求。我們將錯誤視為真理，這些錯誤的智慧導致我們的教育永遠都在原地踏步，忽略了現實，卻汲汲營營地追尋一個無時無刻不在變化的未來；為了遵循這些錯誤的理論，我們捨棄了唯一的立足點，卻無法換來任何其他進步的成果。」

總之，如果說教育的目的是使孩子的興趣與能力得到應有的發展，那麼確保他在成年後能有相應成就的唯一方法，即為仔細地關注**孩子每天一點一滴成長**的過程，並且從旁協助他的發展。成年是一個緩慢成長的過程，果實成熟是需要時間的，揠苗助長必定會影響到最終的成果。所謂的童年，是一個成長、發展的時期，因此，忽視此時的能力與需求來追求成年時期的技能，是一件本末倒置的事情。因而「對童年抱持尊敬之心，不要急著對此時的成就下定論。在你插手孩子的自然發展之前，給它一點時間來運作。你自認了解時間的價值而害怕浪費它，但你卻沒能了解錯誤地運用時間才是最大的浪費；比起一個沒被教導過的孩子，一個被錯誤教導的孩子離成功更遠。你擔心他虛度童年，但難道整天跑跳、愉快地度過每一天是毫無價值的嗎？人生中再沒有比此時更忙碌的時期了。難道你也認為一個人為了不浪費生命而拒絕睡覺是合理的嗎？」

尊重童年的時光，因為這也是對機會和成長的重視。我們犯下的大錯就是我們只在乎成長的結果，卻忽視了成長的過程。「所謂自然就是在成年之前，讓每個孩子就是孩子自己。如果我們不循序漸進，那最後的結果將如同一個強摘的果實，不成熟且索然無味、腐敗的速度遠快過於其熟成的速度——每個孩子在童年時期都有著自己獨特的想法、觀點、感受。」

生理上的成長和心理的成長不是完全一致的，但無論是在過程上或是時間上，生理與心理上的成長是非常相似的。而且一般來說，若沒有生理上的成長，那麼也很難能夠達到心理層面的成長。若我們要更加注重童年時期的發展，那麼我們的首要工作就是要確保孩子的身體能夠健康地發育。就算我們撇開好的體能能夠帶來的有效行動與快樂，大腦的成長也與肌肉、感官的運用息息相關。運動與感知的器官是人在學習、接收知識時不可或缺的一部分。生存是一個孩童生下來的第一個任務，這個意思不只是單純地活著，而是包括順利地成長、發育，也因此，在成人眼中看似無意義的舉動往往是一個重要、關鍵的動作，透過這些動作，一個孩子能夠對周遭的環境更加地認識，也對他自己的力量和能力有進一步的了解。

成人會認為孩子四處跑跳、永遠無法坐定是一種無意義、甚至煩人的行為，但這是因為成人早已習慣了自己周遭的世界，因此沒有了探索的必要。當成人要求孩子坐定、保持安靜時，其實是在干擾他的正常發展、奪走他在探索中能得到的喜悅，讓他無法用最自然的方式學習。

許多研究發現健全的生理狀態對於心理發展的影響是**負面**的；但盧梭更進一步地對現代心理學的發展做了一個預測：感知與運動器官的運作對於知識接收能力的影響會是正面的。「若你依循與現在完全相反的模式，與其帶著你的學生到處跑，把他的心神帶到某個遙遠的國度、久遠前的年代、甚至一路探討到了天堂的彼端；反之，你給他自己的時間來發展自己的想法，那麼他將能夠最自然地觀察、記憶、思考，以大自然賦予人類的方式來認識這個世界。當愛哭的嬰兒漸漸成長茁壯，他的眼光也隨著他力量的增長而成長。當他的力量發展到了足以生存而有餘的程度後，他才會有餘力進行思辨，因為這是一項將力氣用在非必要行為上的活動。所以，如果你要培育你的學生的**智能**（intellectual），**請培育他控制的力量**。讓他規律地運動，保持他身體的強健，如此一來才能確保他良善與明智；讓他有事情做、讓他工作、讓他吶喊、奔跑、讓他沒有坐定的機會……認為身體的活動會影響大腦的發展，這是多麼悲哀的錯誤！難道這兩者不能同時發展嗎？難道這**兩者不能作為彼此的助力**嗎？」

在下面這段話中，盧梭更詳細地探討了健康的生理活動與心智發展彼此相輔相成的作用。

「體能活動能夠教導我們如何使用我們的力氣、如何觀察我們自己與周遭事物間的關係、如何讓自己適應手邊的工具並且活用它們……學校在我們十八歲時教我們槓桿原理的應用，但隨便一個農村中的十二歲小孩都能比這些學院出身的工程師們還要靈活地運用槓桿。這些學者們在遊樂場上從彼此身上所學到的教訓，比他們在教室裡學到的還實用百倍。如果你仔細觀察過貓的行為，你會發現牠在剛進入一個陌生房間中時一定不會待著不動，牠會用嗅的、用看的，徹底地檢視過整間房間才能安心。在孩子身上也是一樣的道理，當他剛進入了『世界』這個新房間後，他也渴望探索裡面的一切，但不同於使用嗅覺的貓，他用的是他的雙手。

「人在出生時就會本能地觀察周遭環境，在每個事物中找到自己能加以利用的價值，所以可以說，人的第一堂課即是為了生存而學習的物理實驗課程。但在學校的體系裡，這個特質卻沒有被重視，反而，學生被要求進行各種邏輯思辨，導致他們無法順利地找出自己在世界中的定位。在這個階段，孩子稚嫩的四肢和敏銳的感官央求著活動、央求著接觸這個世界，這是他們學習自身與環境的關係中最重要的階段。我們在自然哲學的第一批老師是我們的手、腳與眼睛，若捨棄他們而以書本取而代之，那並不會教我們如何理性思考，反而只會讓我們習慣接受他人思考後的結果，這使我們習於盲目地相信事情，但實際上卻所知甚少。

「在創作藝術前，必先取得畫筆和工具。工欲善其事，必先利其器。學會思考前，我們必須先學會靈活地運用我們的四肢、感官以至於全身的器官，因為這些正是我們用來學習的工具。要有效發揮這些『工具』，我們必須讓身體隨時處於健康、強壯的狀態。若認為理性思考的訓練與身體的狀態毫無關聯，這不僅是個錯誤，而且事實正好與之相反：健全的身體狀態能夠保持大腦運作時的清晰、快速。」

上述這段話不僅顯示了盧梭對於身體發育為獨立事件的不認同，它同時也告訴我們，盧梭對感官與知識發展之關係的見解在當代心理學上有多麼地前衛。目前在這方面的普遍認知（這個概念就算是在這個時代，也算是太過強勢）認為，感官是一道外界訊息、感覺所通過的大門、道路，這些訊息最後在大腦內形成一幅幅外界世界的畫面而保存下來。盧梭卻認為感官是我們用來適應外界世界的儀器，它們並不是被動的受體，而是直接地與一切的活動有關——透過手腳的運用。在這方面他的想法甚至比部分傳承他想法的學者要先進，因為這些學者雖然也強調感官與實物互動的重要，但他們將感官當成訊息傳輸的環節，而非人類用來調適自己，使自己能夠在世界上存活的必要工具。

因此，他雖然極著重感官的發展，也提出了許多相對應的遊戲來培育這些感官的發展，但他從未將感官的發展歸為一個獨立的課題。他認為「光是使用這些感官是不足以達到訓練它們的目的；我們必須以它們各自的用途來評斷——我們無法真正的看見、聽見或觸摸到我們沒學過的東西。若只是機械性地使用，雖然可以強化我們的感官，但無法使我們的判斷力進步。跑跳、游泳、著衣、扔石頭都是好事，但除了手腳外，我們也有眼耳，而要學會怎麼正確活動我們的整個身體，必定是要透過眼睛和耳朵的觀察及調整來達到。那麼，就別只鍛鍊你的力氣，同時也要鍛鍊如何用你的其他感官作為引導力氣的方式。善用每一個知覺感官，並且讓它們彼此間做協調：測量、計數、掂重、比較。在能準確預估受到的阻力前，不要輕易地使力；在實際操作前，先預測可能的結果。讓孩子懂得思考如何避免浪費力氣。如果你教導他在行動前先預測行動的結果，再經由實際行動的經驗來校正預測中的錯誤，那麼孩子做的越多，他也會越來越聰明。」

在自然發展與強迫成就導向的教學模式上有另一個值得注意的差異比較是，後者經常著重於教導累積能夠被符號化的資訊，這種教學模式重視的並非知識的質，而是它的量：能夠在測驗時顯示出來的成果，而非自身對事物的見解。另一方面，自然發展的教學模式所著重的則是訓練學生熟悉特定的場合、狀況，讓他們藉由經驗找出面對問題的方法。資訊量的堆積自然不是這個模式的重點了。盧梭指出，孩子們在我們錯誤的教導模式下學會適應這些教學，也使我們誤以為這些方法是有效的。我們知道，或自以為知道，我們所教授的知識內容，所以，當一個孩子一字不漏地重複我們的教導時，我們也認為他理解了。「現在的孩子能夠輕鬆地學習這件事本身對他們並非益事，我們都沒有發現這其實代表著他們沒有真正地在學習。在他們的腦袋中，不過是重複了一遍我們丟給他們的東西，就像一面鏡子一樣。」盧梭也提到了單純地教學比起讓學生自己跟教學的主題做連結的差別：「你以為你在教他世界是什麼樣子，但學生學到的不過是一張地圖的樣貌。」雖然這裡以地理為例，但所有的科目皆是如此，從小學直到大學，這就是我們現行的教育模式。

盧梭心中有著一套完全相反的教學方式，他說：「在科學的眾多捷徑中，我們迫切地需要一個在困難中學習的藝術。」他的意思當然不是毫無道理地提高學習的難度，而是應該避免重複、填鴨式的學習，取而代之，我們應該要有耐心地讓學生自己去理解、發現這些知識和道理。教科書和課堂式的教學用意在教導學生其他人發現的結果，這看似是一個學習的捷徑，但實際上所得的結果只是對一個不理解且毫無意義的符號形式上的反射，雖然學生能夠重複課堂的內容，卻不理解實際的應用和道理。這會進一步造成學生心智上的混淆，心理上他將無法感到踏實；他會開始質疑自己對現實的看法。「在學生無法親自體會的狀況下，每個由他人說了就算的知識、每個對學生來說無意義的字句都在摧毀學生的判斷力。」而後，他再次強調：「若老師已經把思考的結果告訴了學生，那麼學生該要如何學習思考？」（在這裡我們必須記得，我們課堂上統整的教材中充滿了他人思考的結果。）「若你如此教導學生，那麼你唯一達成的事情就是讓他懷疑他的推理能力。因為你讓他把他的推理能力用在那些對他來說毫無用處的事物上。」

如果在盧梭的年代，資訊和知識量已被形容為「一片不可預測、一望無盡的汪洋」，那麼在科學躍進的現代來說，光是大量的知識就足以使教育的定義被扭曲。對現行教育模式最普遍的批評，就是它帶給學生不過是在無數個分類雜亂的科目裡一些模糊、似懂非懂的概念，不幸的，這項批評非常正確。但修正的方法絕非將教育回溯為對3R[3]的那種機械式、膚淺的方式，而是應該從我們自身做起，應該要修正我們對教學的態度，不要再執著地堅持要「趕上進度」、急著把所有的知識分門別類，然後教給學生。我們應該要讓學生從自身的經驗中學習，讓他們熟悉所有能夠學以致用的工具、給學生特定的情境，讓他們會自發地產生求學的慾望。這才是我們應用以取代現在這種徒勞無功、甚至有害的教學模式的方法。

在傳統的教育模式裡，學生學到的不是整個世界，而是一張地圖；不是全部的事實，而只是抽象的符號。學生真正需要的不是地誌學的一切知識，而是如何靠自己去學會它的方法。「你的學生飽讀詩書，而我的學生則充滿無知，但他們之間的差別就是：你的學生記下了許多的地圖，而我的學生則是繪製那些地圖的人。」

教學的內容並非學習的重點，讓學生學會在必要時有創造新知識的能力，這才是學校教學的真正目的。

3 3R：指的是三種基本技能閱讀（reading），寫作（writing），算術（arithmetic）。

第二章　教育為自然發展的實驗
An experiment in education as natural development

盧梭所提出教育為自然發展的理論，影響了後代大多數的教育理論。對學校的實際運作上的影響則略低，但有時仍會有研究者以他所提出的這些原則在學校內進行實驗，阿拉巴馬州費爾霍普（Fairhope）小學的強森女士（Mrs. Johnson）所進行的實驗也是其中之一。到目前為止，已有無數的學生、專家慕名而來，強森女士的模式已經領導了幾個與其相似的學校在美國國內開辦。在康乃狄克州的格林威治市（Greenwich）的一所小學是這個理論模式進行實驗的地方，強森女士在此設立了一個培訓教師的暑期課程，進行的方式為以她的理念為目標的課程設計。

盧梭的中心思想是強森女士課程設計的基礎原則：要協助一個孩子面對成年生活的最好方式，就是讓他在童年時獲得對他來說有意義的經驗；更進一步來說，一個孩子有權利盡情享受他的童年。孩子畢竟是個成長中的動物，他未來如果要能夠順利地在成年世界中生活，那麼他就必須要有良好、不受干擾的發展；更甚之，我們應極盡所能協助他身體與智能上的發展，不讓他受到任何限制。身體和智能的發展是不可分割的成長過程，而且每個人都要謹記，它們是同等重要的。

強森女士也同時批評現代的學校機制。她認為現在的教學模式不過是給想要得到快速、可量化成果的教師們方便，但卻沒有顧慮到學生整體性的發展。這種教育以溫室的致命計畫設計，自己形成一個與世隔絕的展示室，但卻沒有考慮到整體的生長。

這種教學不會培養學生獨立自主、對抗壓力和創意思考的能力，它完全地忽視了孩子**現在**的需求；事實上，學生是一個時刻生活著的獨立個體，並不是等著在學校成為過去式時，仍然需要活在上一輩的陰影中。作為這些錯誤的結果，孩子自然而且必然會對學校產生厭惡。多年來演化的目的並不是讓這些年輕的「動物」們整天坐在狹窄的課桌前，趕著一堂堂擁擠的課程，無聲地吸收那些過於繁雜的資訊。要成長，孩子就必須動，但在學校裡，老師卻為了確保他在專心聽課、唸書，而強迫他整天以非常不舒適的姿勢坐在課桌前好幾個小時。有時候學校會讓他得到短暫的運動時間，作為讓他在其他時間安靜聽課的賄賂，但這些舒緩遠遠無法補償他為了坐在那裡而花的力氣。孩子渴望能夠運動，無論是在身體上，或是心智上，就如同身體和心智上的成長必須同時進行，對一個孩子的行為來說也是如此，他身體上的活動和心智上的成長，兩者是彼此不可或缺、互補的因子。

強森女士表示，如果沒有實際實作過，是不足以支持這個理論的。一個身體充滿活力、生理需求被適度滿足的孩子，才是最急著想要做事、學習的人。學生對於身體活動的需求必須由校內的運動和實作課程來滿足，最好每個小時都能夠安排。孩子必須要在課業和玩樂時都能夠有肢體上的活動，讓他可以去模仿別人、了解自己的能耐。就算已經到了六歲這個年紀，周遭的世界對他來說仍然是一個充滿未知、等待著探索的領域，隨著他的各項活動帶著他到處探索，他的視野中原本狹小的世界也隨之越來越大，一個對成人的他而言已經失去新鮮感的世界。因此，趁孩子筋骨仍未僵硬、大腦仍然可塑的時候，讓他學著照看自己吧，因為這世界中的一切，無論自然或人為的，都是他珍貴的知識來源。

但一般我們看到的學校卻沒有充分地給孩子這種成長、發現新事物的機會，它們將孩子們侷限在狹小的空間、憂鬱的沉默與充滿限制的身、心理狀態中，直到他的好奇心逐漸縮小到只對突然的、怪異的事物感到興趣的狀態。過不了多久，他就會開始對他的課業感到厭倦，開始找尋躲避老師、逃離這個「監獄」的方法。這意味著他將漸漸地——以學校的立場而言——變得「失去耐性、坐立不安」，一切都將變得無趣，無論是學校裡面給他的課題，或是不久前才充滿驚奇的世界。他原先敏感的靈魂，在有機會踏上求知之路前，就已變得麻木。

設立一個孩子們共同完成各項任務的學校的目的，在於他們必須要學著如何合作。為此，強森女士嘗試著規劃一套能夠讓學生獲得最佳獨立發展空間的方法。孩子肌肉、感官都還未能完全發育，安靜地坐著並專注在細節的工作並不適合他，因此，學校的一天不該以學習讀、寫，甚至小玩具和工具的使用為開始，學生應該要繼續進行他已經在家中就開始的自然學習，探索各個有趣的事物，從一個有趣的事物到另一個有趣的事物，研究它們的意涵，而最重要的是，探究這些事物彼此之間的關係。上述這些歷程應該要以一種全面的方式進行，如此孩子才能由事物逐次出現的過程中理解它們的名稱、樣貌。如此一來，原本生澀難懂的概念也不需藉由強迫孩子記憶的方式來使他們理解，孩子們的新發現會接踵而至，為了滿足自己的好奇心，孩子也往往不斷地探究，這些過程最終將累積為孩子做學問的紀律。

遵循著自然發展，孩子會因自己的求知慾而自主地學習讀書、寫字、數學、地理……。「我們必須讓孩子自己產生求知的慾望，讓他們發現自己的需求。」強森女士說道，接著我們必須即時地滿足他的這個需求。也因此，學習真正的「讀」書這件事的時間，應往後推延到孩子得到足夠的經驗和對周遭事物的知識之後。強森女士甚至不讓孩子們過早接觸書本、識字。她認為孩子到了八、九歲時，才真正對探索書中的知識產生興趣，一如之前對生活中的其他事物產生興趣一樣；這時他們才發現了書本中知識的重要性並且渴望得到它們，孩子們同時發現他們沒辦法透過其他的管道來獲取這些知識，因此，教他們閱讀就不成問題，他們自己搶著學都來不及了。在渴望得到特定主題知識的推動下，孩子會快速、輕易地克服閱讀、識字的障礙。此時閱讀不再是一個獨立的學科，它是獲取知識的工具。就如同小孩攀爬儲藏櫃時，他是看不到攀爬的困難以及危險的，因為他一心只想著要滿足他心理上的慾望。

課表裡的每個科目，都應以給予孩子一個超越學科之外的知識基礎為目標來授課。對一個六歲的小孩來說，純粹以抽象的數字教導加減乘除是沒有具體意義的，但若這些數字是由他每天接觸到的玩具、事物而來，那麼他很快就會發現他必須盡快的學會算數來因應日常所需。

強森女士正在以能夠應用至目前公立學校體制的方式進行教學實驗，她認為她建立的新模式將能夠應用到任何公立學校上。她不收取任何的學費，且來者不拒。她稱她的模式為「有機」的教學模式，因為它的重點即是讓學生們自然地發展。學校的目的在提供孩子每個成長的階段中，所需要的工作與活動。因此，她堅持以整體的發展取代已習得的資訊量，作為分類學生的依據。而學生們彼此間也會自然地形成團體，她就以此為依據進行學生的分組，這些小組不稱為年級，而是稱為「生活班級」（Life Classes）。

第一階段的生活班級，大致上持續到正常學制的八到九年級之間；第二階段則到十一、十二年級之間。由於在青春期時學生的興趣和品味都會有大幅度的變化，因此她也規劃了各不相同、特立的高中班級。給予各組的工作，則設計成能夠給予學生現階段發展身心靈所需要的經驗。

強迫學生寫功課、一堂堂讓學生埋頭唸書的課程、平常的考試……這些都不會出現在費爾霍普小學的課表裡。因此，這裡的孩子不會像在普通學校裡的學生一樣，開始厭惡學習，對於教師所說的、教科書中所寫的事物充滿疑慮卻不得不背下來（可惜的是，這種情形卻已經成為國內常態）。這裡的孩子善用他們的直覺且自然地學習，不會認為這些是為了考試和升級的強迫性學習。

聰明的孩子經常會在學習的過程中，產生一種對教室與和其相關之事物的厭惡感，這種感覺不僅在成長的過程中揮之不去，且會使他們在成年後仍感到處處受限，這不但會造成他們沒辦法認真看待大學的課業，同時也使他們對於在教室外親身獲取的經驗之外的思想充滿疑慮。或許他們在成長的過程中變得太溫順，以致他們對於所謂「權威」所說的一切全盤接受，最後失去了他們自己對現實中事物的思考能力。我們先是告訴我們的孩子們，書本是世界所有知識的寶庫，過去文化的遺產，沒有它們的話，我們至今會還在過著茹毛飲血的生活，但接著我們透過我們的教育，讓他們開始痛恨書本、對教師所說的事物存疑。現在，許多成年人都一事無成，這不是因為他們在孩提時沒有好好念書，是因為他們無法實際、有效地運用他們的所學。再怎麼強調這種情況與孩子在發展初期對學校所產生的不信任感之間的關係都不嫌誇張。

費爾霍普學校的學生們則不會面臨這些困擾。他們在學校的時光都是快樂的，並且會不停地宣傳自己多麼地「熱愛」學校。在這裡，不只小組被分配到的課題是他們感興趣的，每一個個別的學生的所有課題也是依他的興趣來分配，沒有人是被強迫著寫作業、做報告的；只要不干擾他人，學生可以自由地選擇自己想做的事情。然而，這不代表這裡的學生完全沒有紀律。他們在學校時就必須要做事，同時學著不去打擾旁人、甚至在別人需要幫助時伸出援手。任性、懶散不能構成孩子不遵從一個健康、實用的制度的理由。

強森女士認為年幼的孩子是無法被貼上道德或不道德的標籤，這個時期的他們根本還沒有道德的概念，他們分辨是非對錯的能力尚在發育。因此，他們應被賦予最大限度的自由；這時候加在他們自己或是同伴身上的各種限制和命令，他們是沒有辦法理解的，也因此注定對他們的成長是無意義的，這反而容易讓孩子開始隱瞞、欺騙。用健康的活動教育孩子，當他需要記取教訓時，不要用他還無法理解的概念訓斥他，要實際的讓他看到他不規矩的行為對他的玩伴所造成的影響，必要的話甚至可以讓他嚐到一些苦果。當他想與家人、朋友分享有趣的事物時，也要有友善的表現，如此其他人才會想與他作伴。這是一個孩子能夠理解的動機，因為他能感覺得到周遭的人是否認同他。相較之下，滿口道德理念的教養方式對孩子來說，不過是因為成人告訴他什麼事應該做、什麼事又不該做而被半強迫式地配合。接受這種切身體會方式教養的孩子，則較不易用推託、說謊來掩飾他們的行為、也不會因為在意旁人眼光而使做事情時都顯得彆扭。

學著不在意旁人眼光會使人過得更快樂。強森女士的教養方式使得學生喜歡上學、喜歡做事，而這也是所有的學校都致力於達成的。當一件工作是有趣的，就沒有必要在學生進行它的時候對其附加無謂、瑣碎的限制，而讓他無法好好發揮。當孩子自發地做事時，他們會將這種樂在其中的感覺與學習做聯繫，這無非是有益其人格發展的。這會協助孩子建構一個自信、樂觀的工作態度，一個能夠面對艱難的任務而不感到反感、排斥的能力。這對孩子的影響絕對好過讓他們成天做艱難、無味的功課，或是沒有解釋原因就強迫他們專心聽講、服從師長。

以年紀、或「生活班級」來區分學生有個好處，相較於以學力分班，它能夠避免學生的失敗和短處被過度地放大。智力發展較為緩慢的學生不會因為被分到不同的班級而感到羞恥，他不會因此而被關注、責罵、被當掉。在不知道自己能力不足的情況下，他能夠維持對自己的自信心，而且他的手工成果和體能表現，也能夠讓他在同儕間獲得好名聲。強森女士認為一般教室內的背誦和考試不過是讓教師們輕鬆行事的工具，但這同時會讓學生自覺到自己到底知道、或「不知道」多少東西，這對學生不是一件好事，因為這等同於放大他的失敗。

費爾霍普的課堂練習與其他學校不同之處，值得注意的一點是，在多數課堂練習中，學生坐在座位上，闔上書本，並回答老師的一連串關於前一堂課的問題，藉此來評估他們對於前一堂課教的（同時也是他們應該要自己複習過的）知識還記得多少。再次引述盧梭所說：「他（老師）要證明學生沒有浪費時間；他直接賦予他的學生們可以直接擺到櫥窗中展示的商品、能夠直接展現出來的成就……若要檢視孩子的成果，就要求他展示他的商品。讓他將商品排開來、滿足那些來鑑賞的人、隨後把東西收拾後直接離去。對多數人，尤其孩子來說，太多的問題會顯得乏味、令人反感，幾分鐘之後他們的注意力已經渙散，他們不再仔細聽你那些滔滔不絕的提問，進一步開始不經思考地回答問題。」

在費爾霍普學校，讀書是孩子自己的事，而教師的角色是從旁協助而非測驗孩子到底有沒有把教學內容背起來的人。這裡的測驗進行時都允許孩子們翻閱書本，畢竟測驗的目的並非要對教師展現學生到底死記了多少東西，而是要知道學生對於書本內知識的應用有了多少長進。課程的編排並非制式化的進度式教學，在這裡學生在翻著書的過程中與教師討論其中的內容，竭盡所能地獲取所有能從此處獲取的資訊、喜悅。這讓他們打從心底喜愛書本，這些從沒有被指派功課、複習作業的學生，在課堂過後會自發性地繼續探索書中的內容。考試時他們也沒有作弊的誘因，因為他們沒有炫耀成績的必要。

這個超越了「3R」評鑑制度的教育系統，以不同以往的方式培養著孩子們的紀律和唸書的習慣，它所帶來的成果包括：孩子無論在智能發展或道德觀培育的過程中能夠不過度在意旁人的眼光，孩子在做事時能夠維持他最初的動機和熱情，進而導入他的工作中，學生能夠跟隨他們自己的求知慾來學習。這讓孩子能夠保有生活中的愉悅和對自己的信心，讓他能夠全心全力地工作、求學；他喜歡上學，甚至已經忘記了他在「學」，因為「學習」已經變成一種在學校的體驗中無意識衍生的副產物，而這些在學校時他所體驗到的一切，已足以使他認定來學校是一件值得去做的事情。

在費爾霍普學校，一般課表中的課程被下列精心設計過的活動所取代：體育、自然探究、音樂、手工藝、田野地理、說故事技巧、感官訓練、基本數字概念、戲劇、遊戲。

在第二階段時，因為學生已學會閱讀，則加入地圖繪製與描述性地理、數字概念則進一步導入書寫的符號。

每個課程都被設計成一種體驗、有明確目的的形式，來引起孩子的興趣。且如我們預料，在強調孩子健康發育的理念下，體育課程在每天的行程中佔有重要的地位。每天都有體育課，且是被排定在正常的上課時間內，通常為早上的第一節，因為這時候孩子們最有活力。整整一個小時全校都在戶外一個孩子們稱為「體育場」的空地上，那裡散布著單槓、雙槓、鞍馬等器材，有人隨時在那裡協助學生嘗試新的器具，同時確保運動的均衡，但我們所謂的「體操」訓練在這裡並不存在。

強森女士認為體操訓練可能造成的學生反感，已足以讓她不施行這種教學；而同時，一個成長中的小孩無時無刻不在尋找能活動、伸展自己筋骨的機會，所以學校需要做的就是把這些「機會」擺放在那裡，並且確保他們活動時的安全。所有的孩子會自然地分成兩組，想在單槓、拉環上轉圈的、與單純想要攀爬、跳躍、奔跑、投擲的；奔跑這項活動通常是以賽跑的形式進行，投擲石頭的比賽中，孩子們比賽誰能丟中遠方的樹木。孩子們自己發明在體育場上能進行的遊戲，而這一個小時通常是學校一天中最忙碌的時間之一。這些體能上的活動，讓孩子們期待著接下來的腦力活動，因為進行腦力活動代表著他們不會過度使用某組肌肉、也不因為別人一聲令下就進行無謂的動作。除了這個規律的運動時間外，孩子們也能選擇在戶外唸書，同時也有許多在戶外進行的課程。至於室內的部分則有遊戲、手工藝、戲劇等，每項都朝著孩子肢體健全的發育打下基礎。教室內沒有擠人的小桌椅，學生可以自己選擇他要在哪、如何坐著聽課，並且在不打擾他人的前提下自由挪動。課程進行到一定程度後，通常將全班分為兩組，每組十五人或以上的小組，彼此進行著自己被分配的工作，並且保持著必要的安靜與秩序。

自然觀察與田野地理的課程，幾乎全程都在戶外實施。孩子們離開教室，走到郊外、樹林間觀察花草樹木，提出問題、檢查不同的樹幹、樹葉和花朵間的差異、與彼此討論，並用書本來解答那些花草樹木對他們提出的問題。在這個過程中，他們學會何謂雌蕊、雄蕊，他們摘下的花瓣屬於哪種花，或是看著蜜蜂在花朵間傳遞花粉的過程。每個學生都被鼓勵與全班分享他在家中學到的事物，將他們自家庭院的花朵帶來學校鑑別、或只是分享所見所聞。有時整個班級會去附近的農場，盡可能地辨別蔬菜的種類，同時學習未曾見過的蔬菜種類的名字、特性。當他們回到教室時，已經學寫字的學生們會寫下一個他們認識的蔬果列表，由此進一步將自然課中融入寫作的元素。校地內有一塊農田，學生在那裡學著犁田、耙草、播種，他們能夠看著自己種下的種子發芽、開花。在這個屬於他們的小農地，他們親眼驗證植物的生長週期，同時也在一個為期數個月的合作計畫中學著細心思考、耐心照顧，學習待人處世之道。與此類似的課程，在年紀較小的孩子的課表中佔了很大一部分，因為這似乎是他們這個時期，在他們眼中的世界中所獨有的。在他們的世界裡，他們每天都會看著周遭能夠拿來實驗、把玩的事物，而這些事物也不斷地引起他們想更深入理解的興趣。

田野地理的上課方式也與此雷同。連年紀較小的孩子們都能夠吸收到一定程度的地理常識，不同岩石的組成、雨和風的影響、河川流向等等，且都是透過直接的觀察來學習。即使會用到教科書，也是在課後才會使用，用以解釋或是加深學生們對所觀察到現象的印象。學校中不乏泥土地，在下過一場雨後，連地上最小的涓涓細流都可成為教導河川、侵蝕、分水嶺、洪水、水流的絕佳教材。而潮汐、沿岸流等概念的教導，則透過一趟到海灣處的戶外教學來達成。校舍附近的溝渠不僅僅是學生們玩耍的場所，同時也是山脈走向、山谷地形、泥土和岩石組成的最佳教科書。這些全部都為學生們未來學習描述性地理奠定了穩固的基礎。在這之後，更進階的地理課程原則上是商用地理，而由於學生們在那時已經有了一定的科學基礎，也更容易理解氣候與作物、產業、進出口、社會階級等的關係之重要性。

手工藝也是費爾霍普學校強調的重要課目之一，因為這裡的重點之一就是肢體上的發展。要讓一個孩子的健康和肢體運用的發展達到最高的標準，他就必須要學著更加妥善地協調自己身體各部位的肌肉群的動作，而要達到此目標最好的方式即為進行精巧、細微的動作來製作手工產品。對孩子來說，單是他正在創造一個作品這件事，就足以給他足夠的刺激讓他能夠專注在這項任務上，不斷重複手、眼、腦的協調運作，最後讓他能夠更有效率地控制自己的肢體動作。而進行手工藝課程時，孩子所學到的實用技能也同樣地有用，他會學會如何使用生活周遭的工具——剪刀、刀片、針、刨刀、鋸子等，同時也會學到藝術家們所使用的畫筆、黏土等器具的重要性，而這些都是會跟著他一輩子的技能。

對一個主動、富創造力的孩子來說，他得到了一個能夠宣洩他創作能量的出口；對一個喜歡做白日夢、充滿幻想的孩子來說，他將學會實際動手做事的重要性，同時也跨出了成為一位整全的個體的第一步。

在費爾霍普學校，男孩和女孩都要學習做木工和烹飪，因為做這些事情的目的並非針對特定的技能來訓練他們，而是要訓練他們成為一個快樂、能幹的人，能夠對未來的社會做出貢獻。繪畫與捏黏土在課程中所佔的比重絲毫不亞於木工或縫紉，就連在年紀小的學生中也不例外，因為這些活動也對孩子的發展有助益，同時它們也可與其他主題的課目做連結，用以維持學生的興趣。孩子們還沒有所謂美感的概念，若要讓美感成為他們生活中的助力，那麼就必須透過他們每天接觸的事物來培養。因此「藝術」的概念是透過手工藝、說故事技巧、戲劇、自然觀察等課程來教導。年紀最小的孩子們在進行捏黏土、繪畫、編織紙毯、製作紙或木頭玩具的過程中，教師會要求他們盡可能地想出、提出自己想要做出來的東西，而隨著他們技術的增長，也漸漸地開始製作難度更高的作品，九、十歲的學生做的可能就是以草織成的籃子、小船、娃娃的家具等。

說故事和戲劇兩個課程彼此間關係緊密，且（直到學生大約十歲為止）取代著一般的書本閱讀課程。具文學價值、且內容適合學生年齡層的故事會在課堂上由教師說給學生聽，而學生也被要求要在課堂上說一些他們在校外所聽聞的故事。在孩子九或十歲，學會閱讀後，他們開始從書中閱讀故事給全班聽或是給自己聽，接著全班一起討論故事內容。在這個年紀，希臘神話、伊利亞德、奧德賽……等，是他們最喜歡的故事。而學生們也經常在沒有教師要求的情況下，自己演出整個故事的內容，這個故事可能是特洛伊木馬屠城記，或其他能夠激發他們想像、他們覺得特別感興趣的故事。費爾霍普學校的教師們認為，這才是讓年輕人學著欣賞文學、甚至愛上它的教導方式。若只是單純地讓學生們看著一行行的字句，然後去背新的單字、詞語用法，那麼效果將適得其反。在學生八或九歲前，是不被允許使用書本的，而在這之後他們才發現迫切地需要它，而懇求這方面的教學協助。如此一來，一般在孩子六歲時強迫他學習閱讀的痛苦、漫長的過程即被消弭。這時每個孩子都渴望能夠閱讀某本他們特別感興趣的書籍，因此教學上無須花費精力來維持他的興趣或要求他進行反覆的練習。

強森女士也認為，若將寫作和數字的教學盡可能地延後，將對學生肢體和心理的自然發展有較好的效果。學生接觸閱讀時，已經發現了他們對閱讀學習的需求，並且了解學會閱讀將對他們的日常生活有極大的助益。此時他們對事物的理解、透過手工藝習得的技巧將會使學習過程事半功倍。強森女士深信在她的學校裡直到十歲前都沒有學習讀、寫的孩子，到了十四歲時，文學素養和讀寫的技巧絕對不會輸給同樣是十四歲在一般學校內學習的孩子。

基本數字概念是以口頭方式教學。年紀最小的孩子們的入門方式，是數著彼此的人數或是他們周遭的物品。接著他們可能會在黑板上學著將一條線切成兩等份、三等份、四等份。接下來，利用各種物品或是黑板上畫的線，他們開始學習相加、相減的概念，如何取四分之三、甚至除法等等。教師在課堂上講述時使用的術語是不變的，而孩子最後也會在學會數字、加減乘除符號怎麼寫之前，就對基本的算術概念有相當程度的熟悉。接著當他們大約九歲，適合學習數學符號時，課堂上將以各種數學符號取代之前所使用的物品、畫線來教導相同的概念。費爾霍普的教師們發現這個方法能夠避免許多數學學習上無謂的痛苦，尤其是分數的概念與應用。長除法與其他複雜的數學算式是在學生已經掌握書寫後才教導。而教導任何概念時，初期並不會特別強調抽象的分析，而是會用與前述雷同，反覆進行的方式讓學生對整個概念有足夠的熟悉、理解後才進行。教師們為這些課程特別設計了許多的遊戲和比賽，讓學生對這些反覆練習保持興趣。

感官訓練代表著訓練孩子特定的身體、肌肉部位來反應他們想要進行的動作。更準確來說，即為知覺動作協調。除了手工藝和體育課程時給他們一般性訓練外，在這課堂上會設計特殊的遊戲，以對應期望加以訓練的感官。最年幼的班級相對來說進行了較多的這種「感官運動」。例如全班會安靜的坐著不動，而一個孩子會踮腳從他的位置移動到教室的另一處，接著，在閉上眼睛的狀況下，其他人會嘗試說出這個孩子現在的位置。或是一個孩子會說些話，而其他人則由聲音猜測說話的人是誰。在觸覺訓練上，會將孩子的眼睛矇住後，讓他觸摸一些生活中會接觸的物品，而這個孩子的目的就是要藉由觸覺來辨識出手上拿的是什麼物品。全校最喜歡的遊戲之一，是設計來訓練肌肉運動準確度的遊戲，各個不同年齡層的孩子們被分在不同的組別後，分別朝著校園內一棵大樹投擲石頭。這個遊戲不但能讓學生們燃起競爭的熱血，還能同時訓練手眼協調、讓整個身體都活動起來。費爾霍普的學生所擁有的異於常人的肢體控制和協調能力在木工工坊時尤顯突出，連年紀幼小的孩子都能自在地運用正常尺寸的工具——錘子、鋸子、刨刀等，且完全不會有讓自己受傷的危險。在工坊內有個腳踩式的豎鋸，看到一個七歲的小孩，雖然太小而無法踩踏腳踏板，卻能夠安全地使用鋸子的刀片來削、刻他的木工作品，無異為一個富有教育意義的畫面。

費爾霍普學校的學生的競爭力，與其他學校的學生比起來，是具有優勢的。若他們因故需要轉學到普通學校，往往能夠毫不費力地融入新學校的環境，與那邊的學生合作。這歸功於費爾霍普的課程，他們在體能上往往強過他人，且也較願意、較會動起他們的雙手來做事；同時他們也保有一份對書本和唸書的熱情，讓他們在文科方面的表現也不落人後。

這種有機課程設計是針對較為年幼的孩子所設計的，而實際上也在低年級的學生中實行最久，但強森女士相信她所建立的這套模式的原則也能夠套用到高中的學生身上，此時她已準備開始在高中的學生中進行這個實驗。費爾霍普學校在她的領導下成為了一個成功的範例，如同所有在實驗階段的學校，未來費爾霍普的教學中必定會出現許多的不足之處，但時間的推移和各種契機的出現也無疑會使這個學校的發展更臻完善。這個學校提供了一個讓教師（比起一個教學者，他的角色在此更像一個班級的領導人）能夠細心關注學生整體發展、自然發展的空間，小組教學的模式讓教師能夠更加熟悉個別學生的優缺點，而進一步地根據每個學生的需求來調整上課的方式。費爾霍普學校的成功，顯示讓孩子在學校中也過著如同在下課後、家裡時一樣自然的生活，同時兼顧學習，是有辦法辦到的；就算不給孩子外在的壓力、獎懲、考試、成績、升級壓力，他們也能夠在身心上成長、學會辨別是非，同時獲得應用傳統上用來學習、研究書本中知識的工具——讀、寫、算的能力，並且能夠隨心所欲地運用它們來達到自己的學習目的。

第三章　自然成長的四個因子

Four factors in natural growth

梅里亞姆（J. L. Meriam）教授所指導的密蘇里大學附設小學與強森女士在費爾霍普的學校有許多相似之處。此校的基本準則是教育應該要順著孩子的自然發展來進行，在這一點上它與費爾霍普學校是相似的。但在組織架構和運作模式上，兩者則有顯著的差異。梅里亞姆教授與大多教育改革者一樣，他認為過去的學校太過專注於將成年人才用得到的知識灌輸給孩子，在其致力系統化與標準化的過程中，卻忽略了孩子們個別的需求。他相信學校的學習以至於玩樂，都應以孩子為中心設計，孩子應該要享受上學的過程。孩子在學校的體驗應該要跟他在家裡生活時一樣，甚至更好，因為在學校，他們能夠學會正確的遊玩、做事的方法，同時也能夠與其他孩子一起完成工作。

「孩子們會記得他們是怎麼學會說話的嗎？不會，記得的是身為家長的我們。但無論是成人或小孩，大多數人都記得我們在學校拚命學著閱讀和寫字的過程。當初我們之所以學會說話，是因為我們有想要表達的事物，需要透過語言才能滿足我們的需求。我們學著在口渴時說：『媽媽請給我一杯水』，為了達到這個目標，我們並沒有每天早上九點鐘準時開始練習咬字。在我們附設小學裡的學生也是，只有在他們需要用到的時候才學習如何閱讀、寫作、繪畫……等。這所學校的學生在校內做的事情，就跟他們在家裡時做的事情是一樣的——他們玩耍、做雜事，只不過在這裡，他們學著把這些事情做得更好。孩子們在家裡做事時通常都是很有活力的，他們在我們學校裡亦然。」

若沒有學校的存在，那麼在自然發展的過程中，這些孩子們會做什麼呢？梅里亞姆博士設計的課表提供了他的答案。課表內只有一項我們會在平常的課表內看到的科目——手工藝。他表示，如果沒有學校，那麼學生會從事的活動將包括跑步、跳躍、投擲東西等戶外運動；他們會聚成小組，討論所見所聞；他們會嘗試製作遊戲中需要用到的道具和工具——小船、沙袋、娃娃、吊床、洋裝；若他們是從鄉下來的，那他們會觀察動植物，嘗試建造一座花園或是想辦法釣魚。每個人都看得出來，孩子透過這些活動學到的東西不比在學校坐著學習來得少，甚至他在校外所學到的更有可能學以致用，因為這個學習過程是自發、享受的，且在學會後可以馬上獲得實用價值。

我們再次強調，這些活動都與生活息息相關，而我們竟然還要把孩子送到學校來學習它們。既然如此，那麼用這類的課程來填滿課表，即是最符合讓孩子得以自然發展的最佳方式了，這就是梅里亞姆得到的結論。

在這所附設小學，一天的時間總共被分成四個區塊，分別用以進行遊戲、故事、觀察與手工四個時段。對於較年幼的孩子，在校時被分派到的任務幾乎都由他們居住地周遭的環境中衍生，他們的時間大多花在更進一步去熟悉已知的事物上。隨著年齡的增長，他們的興趣會自然地越來越廣泛，也會開始思考事物的成因、邏輯，此時他們就會開始學習歷史、地理和科學。

前三個年級的上課時間排定如下：

九點到十點半：觀察課。

十點半到十一點：體育。

十一點到十二點：遊戲。

下午一點半到三點：故事。

三點到四點：手工。

在觀察課程，一次只會讓學生專注於一個主題上，關於這個主題的探討可能會持續一個上午，但也有可能持續好幾個禮拜。雖然學校有為每個學年排定課程目標，但如果孩子提出了對他們來說重要的、且能夠融入課堂的議題，那麼課程的進度將被暫時擱置，而教師則協助孩子們研究他們自己提出的問題。

這種方式並不只侷限於某個科目，對所有的科目來說，課程進度都是充滿彈性的。學校的終極目標是能夠滿足個別孩子與不同群體的學習需求，因此只要是對此有益的調整，學校都樂於進行。最小的三個年級的觀察課程的對象，包括花草樹木、水果、蟲魚鳥獸、天氣和四季的交替、假期、以至於鎮上的雜貨店、社區內的建築、商店櫥窗裡的衣物等。只有在學生覺得需要用到閱讀、寫字和數字的能力時才給予教學，使得孩子能夠更有效率地進行他們的學習工作。這個課程中有關自然的部分都盡量地在戶外進行，學生和教師會一起到戶外散步，而教師則為他們講解一路上看到的樹木、植物、動物；他們會抓魚和蝌蚪來放到校內的水族箱內、也會挑一棵樹來進行為期一年的觀察和紀錄。他們對於天氣的觀察也會持續一整年，記錄四季的更替——在秋天時的景色、冬天開始時的徵兆、入冬後動植物活動的改變等等；如此一來，他們得以親眼見證一整年中的季節循環，並且不自覺地學到氣候和農作物、動物間的關係。

關於他們本身的食衣住行上的觀察，則被濃縮到一個較短期的連續課程中。而由於時間和學生興趣的關係，課程中也不時會加入一些非生活必須的、關於在地生活文化的主題。他們會透過對珠寶店、馬戲團的觀察來探討鎮上的休閒娛樂，透過對消防隊、郵局的觀察來探討社區福利。

在學校內，對於所有課程的學習其研究方法是一致的。首先，在教師的幫助下，孩子們會分享他們對即將開始研究的主題所知道的一切。如果是與食物相關的，則學生會有機會說出所有他想得到與此相關的事物、他的家庭平常都吃些什麼、食物又是從哪裡來、食物處理的過程、他在雜貨店時注意到的小細節……等。接著教師會帶著全班到雜貨店，讓學生在那裡待一個上午，給他們自己探索的機會。而在開始前，教師會先給他們一些提示，例如店裡的某些商品是秤斤秤兩來販售的；因為在這個狀況下，物品秤重和各種秤重方式似乎是孩子們極感興趣的一個主題。有些一年級的學生甚至當起偵探，發現店主的許多秤重方式和儀器，都會讓秤出來的重量比實際上要來得多。校方也鼓勵孩子為商品比價，在家長同意時也可以帶錢來直接進行採買。

當學生再度回到教室後，會再一次地討論他們觀察到了什麼，會寫字的學生們則會寫下一個他們能記得的商品的價格清單。教師也會帶著學生們寫下訪查紀錄，由學生們口述後再由能夠寫字的成員們寫下來。

尚未學會閱讀的學生們則會畫出他們所見到的雜貨店，或是藉由店主給他們的型錄來上一堂閱讀課。稍後，他們會進一步學習雜貨店如何送貨，以及概略地知道店內商品從何而來。他們會將家裡的雜貨店發票拿到學校互相比對，將支出相加減後，探討食品的經濟和營養層面的問題。也許他們會再進一步用一樣的模式來研究牛奶商和麵包店，而之後課堂將轉換主題，探討附近街區的房屋。房屋、衣物、鎮上的娛樂都會用相同的方式來進行教學。

到了三年級之後，除了參觀鎮上各式的娛樂活動外，學生會造訪消防隊、郵局，學習它們的功能和如何被建立的。在這期間，孩子絕對有充分的機會學習閱讀、寫字和數學，同時也會不斷地練習正確的語言表達方式。梅里亞姆教授堅信這種由周遭環境中取材的教學方式，對於孩子的教學價值，在於讓他能夠更順暢的進行各種工作、改善他的生活，而不是單單為了包裝「3R」的教學而存在，除非「3R」的教學直接與孩子現階段正在做的事情有關，否則它是不會出現在課程進度內的。

前三個年級的遊戲課程，所具有的教育價值與其他課程是相同的。在課堂內，孩子學著活動他們的身體，控制四肢的運動，為了達成某些成果而去熟練某些較難的動作。在這些活動中，教師只是一個觀察者的角色，孩子是有極大自由的。孩子玩的遊戲大多數都帶有競爭性質，因為學校發現只要遊戲中需要技巧和運氣，學生就會竭力地去進行。擲沙包和保齡球是最受歡迎的遊戲。但實際上只要是能夠計分的遊戲，孩子們都玩得不亦樂乎。孩子在玩時，教師就在旁邊協助計分，當遊戲結束後，他們會把分數抄進一個檔案夾內，以利之後調閱和記錄孩子的進步。

在遊戲內表現得越好，孩子就會越享受遊戲的過程。因此，他們都會觀察最厲害的小孩的動作、姿勢，接著把它畫下來。同時教師也會在黑板上寫下一些遊戲中孩子說的話，在課堂的最後，藉由重溫黑板上的遊戲過程，學生們又都上了一堂閱讀課；

藉由將這個內容抄寫到他們自己的檔案裡，他們也都上了一堂寫作課。

遊玩的過程中，孩子是被允許大聲講話、說笑的。誰能說這不是一堂培養口說能力的課程呢？遊戲內容中，引進了各式各樣的元素來鼓勵學生們發表自己的看法，同時也利用了色彩鮮豔的球、娃娃、彩繪的不倒翁等有趣的道具，來給學生更多的刺激。過程中，孩子說出的新字、詞都會在遊戲過程中被記錄下來，如此一來就能夠自然地增加學生的詞彙量。

一個小時的故事課程相較於一天裡其他的課程就簡單多了，單純的寫作和閱讀的練習。孩子都非常喜歡接觸有趣的故事，因此，我們就應該要給他們接觸這些故事的機會。在這堂課中，教師和學生互相對對方說故事，這邊的說故事不是指看書念，而是說他們已經知道的故事，從別處聽來的或是之前讀過的。

每個小孩都喜歡別人聽他說故事的感覺，而他們馬上就發現，要吸引觀眾的注意，就必須把故事說得動聽，有的人會藉由生動的演出，有的人則藉由將情節畫出來。不久之後，他們就會想知道更多的故事，然後很自然地，他們開始去圖書館翻書、閱讀。

根據學校的統計，一年級的學生在那一年的期間大約會讀十二到三十本書，而二年級的學生則為二十五到五十本。藉著這個方式讓學生們自然地學著，而且是讀好書（因為學校圖書館內只有好書），並且學會好好的讀它們，因為學生的目的是找一個能夠講給（或演給）班上聽的故事。這麼一來，孩子在相對早期就學會欣賞優美的文學作品——或是我們可以說這個與生俱來的能力就不會衰退。最年幼的孩子喜歡的總是那些最好的故事：《鵝媽媽童謠》（*Mother Goose*）、《安德生童話》（*Hans Andersen*）、吉卜林的《原來如此》（*Just So Stories*）。在一般的學校中，孩子對書本產生的厭惡會使他們離文學越來越遠，轉而接觸垃圾般的媒體，但如果孩子在校時也能夠像在家裡分享一樣讀、聽、演出這些好故事，且是單純為了其中的樂趣在做這件事，那麼他們將能夠保有這份欣賞、享受好書的能力。

梅里亞姆博士也提到，歌唱也是說故事的一種，孩子們為了好玩而唱歌，但同時也為了歌裡的故事而唱歌；所以在這所學校裡，歌唱也是故事課的一部分，而孩子們也致力於學習讓自己能夠唱得更好，好讓自己、同學們都能夠享受在其中。

孩子們總是嚷嚷著想要「做些東西」。梅里亞姆教授認為光這點就足以讓他將手工藝排入課表中，並且設定時間為一小時。這一小時對做事的人來說，總是嫌得短暫，所以學生常常會把作品帶回家繼續做。從最小的孩子們開始，無論男生女生，都在這堂課裡走入木匠工坊，並且學著利用裡面的工具來製作他們想要的東西，娃娃的家具、小船、一個帶回家給家人的禮物。另一方面，紡織也同時能激起男生和女生的興趣，並且能給孩子一個粗淺的美感、效能應用的概念，所以也是一個熱門的項目。最小的孩子們剛開始通常都會做娃娃的吊床，接著他們學習如何做十字繡和鉤針編織。一般來說，整個班級會同時做同一種作品，尤其在低年級時，但他們也能提出自己的想法，做自己想做的東西。大一點的孩子在這方面則享有較多的自由。隨著學生年紀的增長、學會使用的器具越來越多，他們所要做的作品也自然地更多元、更複雜；有些五六年級的男孩甚至完成了精美的家具，至今都還擺在校內使用。而這個課程也同時提供了另一個練習繪畫、塗色的機會，讓學生們設計、繪出不同的花紋。

隨著學生培養出的興趣越來越廣泛，升上四年級時，學生的在校活動內容會有一個顯著的變化。這時候，一天的時間則被分成三個時段：產業、故事以及手工藝。

大人設計的遊戲對他們來說已不再有趣，他們想要去戶外玩樂，或是在一間大體育館內自由地使用空間，如此一來他們能夠玩更激烈、吵鬧的遊戲。而且此時他們也不再需要一個老師來為他們計分了。

產業課則是取代了低年級的觀察課，但是延續著相似的教學。這個時候孩子已經對周遭能見到的事物有一定的理解和認知了，也知道這些事物和他自己、朋友們的關聯，他已經準備好進一步地探索沒辦法看見的事物，例如各種事件的過程與世間的道理，他開始能夠探討整個社區內的議題，更多社區之間的議題，最後以至於關係到全世界的議題。

就如同低年級的學生們直接觀察他們周遭環境中的事物，四年級的學生們進一步研究環境周邊的各個產業：製鞋工廠、磨麵粉的磨坊、麥田和玉米田中工作的人們。他們會到工廠和田地進行戶外教學，而回教室之後，被分派的作業則依在外面看到的事物而定。藉由寫下旅程中的故事，他們練習作文能力；藉由查閱耕種或製鞋相關的書籍，訓練他們的閱讀能力；藉由討論農夫或鞋工遇到的實際問題，得以運用他們的算術能力。而這些教學都將讓學生對產業的理解有實質幫助。地理，這些戶外教學活動中不可或缺的元素，它協助孩子們找出他們問題的解答，為什麼人們在這裡種小麥？在哪裡種田能夠長得最好？為什麼？等等。這所學校剛好位於一個以農業為主的小鎮裡，但顯而易見的，若其他學校以其周邊的產業來替代這裡說的農田，那麼也能夠輕易應用這裡的教學模式。

在五年級和六年級的課程中，產業的課程仍舊進行，但探討的規模則是包含了世上所有的主要產業。但當然，這個時候學生必須學著以書本取代先前的校外教學來作為知識的來源，這包括了與先前有關的閱讀、寫作、數學的練習，但同時也開始引入越來越多的地理知識。而因為課堂上不會為學生指定特定的課本，要他們從中背誦、複習，因此圖書館的運用也成為了重要的一環。

這裡以一系列的問題來開啟地理知識的學習，先是：在這鎮上製作出來，但我們沒有用掉的產品，最後會到哪裡去？

接著是：還有哪些地方跟我們製作一樣的東西？他們製作的過程是一樣的嗎？在這些地方他們還製作些什麼？

再來就是：我們鎮上進口的東西都是從哪裡來的？而它們的製作過程又是如何？

沒有一本教科書能夠含括這些問題的所有答案，如果有的話，它也會跟學校認為學生要透過不斷地探索和研究來學習的理念相衝突。學生們必須要自己去圖書館，找尋他們被分配到的產業領域相關的書籍。每個學生讀的書都是不同的，而教師也盡可能地創造每個學生都能在課堂討論上有貢獻的學習環境。而就如同低年級的學生，高年級的學生們也會有一個專屬的資料夾，裡面放著他們對查到的產業、機器等資訊的記錄和圖片。

在七年級——這學校中的最高年級——的這一年中，產業相關的課程以歷史課的方式進行。這裡指的歷史，是各產業透過人們食衣住行的演進而演變的歷史。學生們學習人類從穴居、以樹叢為家的時期，到遊牧民族的帳篷、希臘羅馬時期的房屋，一直到今日住在高樓大廈裡的歷史。他們學習農業是如何從以棍木為器具，一路演進到發明收割機、脫穀機來協助耕種的歷史。最高四個年級的產業課程中，都含括了政府機構的認識，四年級時他們研究當地郵局的運行；五六年級時則探討全美國、以至跨國的郵政系統；而七年級時他們則學習這些政府機構演進、成形的歷史。這一年中，學生們會花一部分的時間學習不同種族、文化的人們組建軍隊、而至戰爭的過程。一開始他們從書本中蒐集資料，之後在課堂上討論他們蒐集到的資料內容。這方面，每個學生都要以寫報告的方式，記錄他們的進度，報告的內容則以他的觀點描述所研究的國家的軍隊樣貌。

故事課程在最後四個年級則延續先前的進度，進一步融入更多音樂和藝術層面的素材。孩子們繼續地分享故事並彼此互相討論內容。每個學生都會為他所讀過的書做記錄，並在記錄中簡短地寫下故事大綱和他選上這本書的原因。這些記錄最後都會被收藏在圖書館內，以供後面的學生作為選擇書本時的依據。即使對象是高中生，梅里亞姆教授也不認為應為了教導寫作而要求學生寫作文，或是以現今普遍的分析方式來上文學課程，所有在學校內的課程都該是一個英語的練習，透過不間斷地幫助學生增進他們使用、寫作英文的能力，比起將所有的練習都濃縮到一個小時的正式課程中，這個方式能夠讓學生學習的更有效率。

法文與德文也是故事課程的一部分。學生視這方面的學習為享受運用另一個語言來溝通的過程，透過它來讓自己能夠了解更多的文學作品。因此外文的學習與其他文化學習的課程被歸類在同一類，為了休閒娛樂而學的知識。只有在故事課的領域中，學生才會被分配到回家作業。平時學生已經在學校做了許多的課堂練習和作業，再要求他們把事情帶回家做是不公平的。若要讓在學校的學習達到其最高的效益，那麼學生就應該要視來學校為一種享受，而如果學校與反覆、無聊的作業扯上關係，那麼學生注定會失去對學校的興趣。但換句話說，如果某些校內的功課被視為休閒娛樂的一部分，那麼學生在回家之後繼續進行未完成的部分，也是理所當然的了。

這所學生一百二十人的學校，開始使用這個教學模式至今已經八年了。校舍內的教室並不多，而這些教室都以大拉門相連接。上課時至少兩個年級會共用一間教室（通常為三個年級共用一間），學生們只要不打擾別人上課，自由移動、交談都是被允許。

一間教室會由一個教師負責掌管，而所有的學生——大約三十五人——則各自被分配到屬於自己的組別，進行自己被分配到的任務。

在附近一些公立學校中，也有個別的教師用這個方法對某個年級進行為期一年的實驗，而他們發現到了該學年的期末，所有學生都達到了晉級的標準，且在下一個年級中也能夠輕鬆地完成他們的課業。

此校密切地留意著畢業生的流向，大多畢業生都會進入大學的附設高中，所以這並不是一件難事。與一般公立學校的學生相比，這些學生在高中並沒有任何特別無法銜接或適應的問題，而且他們的在校成績與進入大學的年齡顯示，他們能夠更加完善地進行難度更高的正式學習。

梅里亞姆教授同時也是這所高中的主導者，但他尚未針對除了英文之外的高中課表進行改變。他預期未來將會在這方面進行同樣的修正，也認為這種激進的改變最終將能帶來好結果。而英文教學的部分則是延續在小學施行的理念，並沒有一門專門的課程稱作「英文課」，而是將其融入於所有課程之中。一項由此大學附設學校的畢業生與鎮上普通高中的畢業生中取樣的研究顯示，比起在高中時上過正規英文課的學生，沒有接受過正規英文課程的學生們在大學英文相關課程中能有較佳的表現。

當然，用學生畢業後能否銜接上現行教育體制的內容，來評斷一個致力於改善同一個體制的教育實驗是否成功，這本身是一件沒有什麼意義的事情。這項教育實驗的目的，並非找出一個讓教師能在相同時間內教導更多內容的方法，也不是為學生進入大學後的課程做鋪路。它的目的是，讓學生了解自己的能力、進一步引導他如何在社會裡將他的能力運用在社交、工作上；而其最終目的是，透過這個過程使學生變成一個更好、更快樂、更有效率的人。但在學校的新教育模式尚未成熟的同時，如果學生仍然能夠達到與傳統學校相同的水準，那麼我們至少可以確定這麼做並不會帶來損失。而對於學生隨著新模式而得到的體力成長、手藝進步、面對生活中事物態度的變化，和接觸到的優美文學、藝術氣息，則是能夠馬上被看與測量的。雖然都是為了更遠大的目標，但此教育模式對這些學生生命的改變，將進一步為所有有志透過幫助一個個體來幫助整個社會的教育實驗奠下基礎。

第四章　課程的重整

The reorganization of the curriculum

在撰寫《愛彌兒》時，身為父親的盧梭完全沒有盡到管教的責任，他甚至將自己的孩子棄置於孤兒院（foundling asylum）。因為如此，他的讀者與學生們讚揚的都是他的理論和對教育的整體貢獻，而非他書中那些不切實際的方法，創造出那過度美化而至虛偽的愛彌兒。如果盧梭本人有試著教育過孩子，就會發現若要實行他的理念，他還是有必要或多或少將其濃縮成某種固定的課程方案。在他不斷地探求將理念付諸實現的過程中，他的興趣自然而然將會轉移到個別孩子身上探尋達成他理念的方法。

孩子應該把時間花在符合他年齡的事物上，對教師而言，這些是什麼意思呢？孩子應該要有自然發展的機會，無論是在智力、心靈或是體能上。而教師要如何提供這些機會，它們又應該被如何定位呢？一般情形下，如果教師自己也在摸索理論、進行實驗教育，就有可能出現沒有特定教材和教法的狀況，因此我們觀察了幾個現代教育改革的行動後，發現大部分的著重點皆在課程的調整上。

最熱衷於將盧梭的理念貫徹到教室中實行的兩個人，非佩斯塔洛齊（Pestalozzi）與福祿貝爾（Froebel）莫屬。他們將還模糊不清的自然發展概念，具體地轉變為教師能夠在每天的教學中運用的工具。天性使然的福祿貝爾與環境使然的佩斯塔洛齊都是理論家，兩人都盡了最大的力氣將他們的理論導入實用中。他們不僅成功地推廣了新的教育觀念，也比同時代其他的教育家們更深遠地影響了學校體系的運作。基本上，佩斯塔洛齊建立了小學的運作模式。另一方面，福祿貝爾則是如眾人所知，為年齡還不足以上小學的孩子們建立了一種全新的學校——幼稚園。

他們兩人對於教育理論與實作的影響非常深遠，這也使得辨別他們理論中對現實讓步的部分更為重要：有些部分他們將教育視為向前的成長，而有些部分卻因他們想創造一個能讓所有人遵循的課程方案，而變得機械式與成果取向。

單就個人而言，佩斯塔洛齊與盧梭恰恰相反，他是一個非常有大愛的人。在盧梭選擇以自我為中心之處，佩斯塔洛齊選擇為他人奉獻取代之。也或許正因為如此，他看到了盧梭從未發現的真相：他發現對一個成人來說，自然發展也等於一種社會化的發展，因為每個人對於與他人聯繫的需求大過於與自然聯繫的需求。他是這麼說的：「大自然以社會關係（social relations）作為方法以及目的來教導每個人，在教育的歷程中，每件事情的重要程度也依著它在社會關係中與人的親近性（intimacies）而定。」因此，家庭生活是教育的中心，就某方面而言，它也是每個教育機構的典範型態（model）。在家庭生活中，每個實際的物品：桌子、椅子、果園裡的樹、圍牆用的石頭等，都有社會意義（social meaning）。人們共同使用這些物品，而且日常行動也受其影響。

教育是一個媒介，其中所有社交用途的物品都有協助智能、以至道德成長的用途。孩子越是透過直接接觸社交場所來學習，越是能夠獲得正確有效的知識。由於處理未知事物的能力皆由掌握週遭熟悉事物的能力演進而來，「對人而言，最直接的現實往往侷限於狹窄的社交圈中（social circle），例如家庭。人類知識的基石皆由對周遭事物的認知和透過訓練運用它們的能力而來，由此進一步催生的頭腦將會是簡潔且澄明，因為它是由絕對的現實中所產生，所以也能夠進而適應未來可能會碰到的各種情形。它堅定、敏感且充滿自信。」

「與之相反的教育方式是散亂、混淆，同時也極為膚淺，教導著每一種知識，卻沒有一種精通、也沒有一種是以實用為目標。它是東拼西湊而成，游移不定、無所適從。」道理很簡單：知識之所以能夠稱之為知識，確保能夠達成實用的智能訓練，只能由密切、活躍地參與各種社會生活中的活動來獲得。

這是佩斯塔洛齊畢生至大的貢獻，代表著他由自身經驗所萃取出來的洞見，畢竟，他在抽象思考的領域是略有不足的。它不但超越了盧梭，還為盧梭理論中正確的部分提供了佐證。雖然這麼說，但這個論點還沒有辦法成為正式的理論，也還未成熟到成為能夠被傳承、引用的教育方式。其成果記載於他早期生涯中，他將二十名流浪兒收留於家中，並且盡力地將書本的教導與實際工作結合，於夏天教導他們農事，於冬天教導紡織。在這之後，他被賦予管理一個瑞士村莊的責任，這個村莊內的成人們皆因反抗拿破崙而被消滅，在佩斯塔洛齊的管理下，曾有一個旅行到此地的人給予了這樣的評價：「這裡與其說是學校，倒不如說是一個大家族了吧。」這句話對佩斯塔洛齊來說是莫大的讚美。

在正式的教師生涯中，佩斯塔洛齊展現了他的另一面。在此，他也反對現行小學教育中教師只用口述的上課方式，且致力地想以一套著重自然發展的教法來取而代之。但這裡他採取了某種程度的妥協，他更專注於孩子接觸教材中的物體本身，而非透過接觸物體來達成社會目的（就像家裡的物品一樣）。這麼做使得結果與自己的基本理念相出入。由教師介紹教材似乎取代了由個人行為發展而來的成長。佩斯塔洛齊也能依稀察覺到這個現象，所以他試著說明發展的過程中，有一些固定的法則，可從特定人類個體的不同經驗中萃取出來。教育無法隨時為了每一個孩子在特定時刻的發展而量身打造，這樣會導致混亂、秩序瓦解和各種任性行為的出現。教育必須遵從由個案中衍生而出的通則，滿足每個個體間共同需要的部分。

至此，他的重點已經由物體在社會關係中的用途，轉移到孩子對物體的依賴上。在尋找特別經驗衍生而出的通則過程中，他發現三個通則：幾何、數字與語言。語言在這裡當然不是指口語表達，而是指描述事物的能力。在身為教師的這個階段裡，佩斯塔洛齊特別熱衷於建立一個以物體為主軸的教學方案，而孩子在這些課堂上學習的目標，即為這些物體的空間和數目的關係、並且學習詞彙以完整地表達這些物品的狀態。所謂物件課程（object-lessons）是將物體的展現藉由感官感覺來學習，這種教學的概念即是佩斯塔洛齊所奠定的小學教育之基石。而也由於這種教學著重於外在的物體和其呈現方式，所以這個方案能夠被具體的條列、傳承，而建構成一個教學基模（scheme of education）。

在發展教學基模過程中，佩斯塔洛齊有了一個想法，那就是所謂「自然準則」，包含由簡單而漸進至困難的教學。從此，他開始致力於找出所有科目中的「A、B、C」（他就是這麼描述的）：每個科目中最簡單，能夠直接在課堂中呈現的部分。當學生熟練了這些之後，再進一步地讓他們學習由這些簡單的東西衍生而出的較複雜課題。以閱讀學習為例，學生一開始會學習AB、EB、IB、OB等的組合，接下來再學習與之相反的部分：BA、BE、BI、BO等。當他們熟練了所有的素材後，就會再更進一步地學習較為複雜的音節，以至於整個單字、句子。數字、音樂、繪畫等也都是由最簡單的元素，呈現給學生們開始學起，而後再逐漸地增加課程的複雜程度。

這個程序引起了很大的迴響，很多人甚至以「方法」一詞來描述這類對外部印象的分析和組合。直至今日，對許多人來說，它仍然含括了大眾所理解的「教育學」中的一大部分。佩斯塔洛齊本人稱之為教學的心理分析化，更精準地說，應該是機械化。他用以下的字句為他的想法給予了一個極佳的註解：「在大自然中，種子的缺陷也就意味著成熟後的缺陷，胚芽的缺陷會使發育不良。在發展各個不同部位時，這點無論是在蘋果的發育或是知識的成長上，都是通用的。因此我們必須小心避免教育上的混亂或是粗淺，**要使孩子們對事物的第一印象盡可能地正確和完整**。從襁褓的嬰兒開始，我們必須從盲目好動的本性中接手，給予種族未來希望的訓練，讓孩子沐浴在幾世紀以來我們從大自然中萃取而得的經驗中成長。」

這段話或許已被賦予了一個沒人能夠反對的意涵。所有的教育改革者，都堅持剛開始上學的前幾年的重要性，因為這是建立未來成長的根基——基本態度的時期。如果我們能夠調控孩子發育早期時與世界其他事物間的關係，使得所有他們接觸到的觀點都是確實、明確、正確的，那麼毋庸置疑地，我們將能在無意識間為孩子建立一個能夠在未來，讓他們得以用超越我們這一輩人的觀點，來評斷事物的知識標準。但幾何圖形、各種物體的個別性質之確實性和絕對性是非常人為的，而正確和完整的判斷事物的能力，是由孩子每天的日常生活中累積而來。你可以讓一個孩子學習正方形、長方形等的性質和正確名稱，但除非這些東西進入了他日常運用的領域，否則他不過是在累積學術知識而已。對孩子來說，以實際看得到的物體來聯繫、學習他們的名稱絕對比單單地背誦一連串字彙來的容易，但兩者皆離真正的發展有段距離，它們都不是「堅定、敏感、明確的知識」——這種知識是孩子使用對他有吸引力的東西之後得到。園藝用品、照顧動物的器具、遊戲中的道具等，孩子在家中事務會用到的物品，對他來說都有一層簡單、完整的意義。而直線、角度、質量等的簡單性就這麼地擺在他眼前，等著他去學，這個過程是機械式的，同時也是抽象的。

有一段很長的時間，佩斯塔洛齊對教育界的實際影響，僅止於讓學校不再使用與實物無法產生聯想的背誦方法來教學，以及將物體課程引進學校，將所有科目拆解成最基本的元素（ABC）後，循序漸進地編排課程。這些方法無法給予孩子學習動機或是實際的能力，而這也使許多教師發現對孩子而言，就算他無法完全理解**每樣物品的一切特性**，比起個別的元素，對他有實用價值的完整物品是更容易理解、且更完整的。在新類型的學校中，我們能夠看到佩斯塔洛齊早期更重要的學習觀點明顯地回歸（但此與佩斯塔洛齊本身的作為當然沒有關係）。這些學校採取的方式，是藉由與同儕共同的學習和與平時生活相近之處，導入職業與生涯規劃。

不同的學校對此想出了不同的方針。在蒙特梭利的學校中，教學時仍然有一大部分的心力，用在以課堂上呈現素材來控制心智的發展。在別處，例如費爾霍普學校，這些素材在課堂上卻是非正式的附帶品，而課程規劃則以學生的需求為第一考量。

當然，大部分學校的方針介於此兩者之間。孩子必須能夠發展，**不只發展，還必須自然地發展**，但現今社會的複雜程度卻不允許，社會在孩子身上施加了持續且重要的期許，使學校必須在學生出社會前就教給他大量的資訊。在現今生活中，所謂的自然是一個廣泛、同時嚴謹的概念，它所包含的不僅是孩子環境中的各種事物，同時也包含了他的社會關係。要徹底地掌握這一切，孩子需要非常大量的學習。而什麼才是這麼做的最好方法呢？我們所呈現給孩子的各種材料、各種教學方法，都必須對孩子們有足夠的重要性，足以呈現出嚴謹的自然的全貌，而他的世界也剛好位於其中。孩子與課程是一體的兩面，它們都隨著時間而發展，並且緊密地影響著彼此。在拜訪各學校時，一般的學校教師所感興趣的，是教學的方法、課程、學生如何分配他們的時間（也就是學生適應環境的方法）。

「做中學」（Learning by doing）可說是許多教師想方設法有效調適的寫照。一個孩子所面對最困難的課程，都將與實際的操作、身體力行有關，而如果他沒有辦法學著實作，那是再多的書本知識都無法彌補的。未來在面對他的鄰居和工作時，所面對的就是這一種與適應有關的問題，而實用的方法本身就是最簡單、最好的。表面上，各個領域——算術、地理、語言、植物學等，都是經驗的累積而成。它們是過去人類社會一代一代所累積的努力和成果。一般學校並不視此為單純的知識累積，或是零散的可供參考之經驗，而是以一種整合的方式面對這類適應的問題。因此，孩子的日常經驗、他每天的生活、教室中的課程內容等，其實都是同一個東西的不同部分，它們是作為一個種族一分子的第一步和最後一步。就如同嬰孩與成年時期，都是同一個生命的不同部分一般，是不容否定的。否定這個事實，是在將同一個力量的動能與最終結果分割、將孩子的天性與命運擺於矛盾相衝的位置。

學習代表孩子由簡單日常生活經驗中，所能發展到達的極致。學校的任務即為將這些未經雕琢的經驗加以統整，成為科學、地理、算數等課程。由於孩子已經體驗過教師所要教導的內容，因此以孩子的經驗為基石來進一步實行教學的方法，也就成為了稀鬆平常、同時進展快速的模式。如果我們能夠透過像孩子剛出生時，累積各種經驗一般的快速有效的方法來拓展孩子的學習經驗，那麼顯然的，我們在教育上就達成了一個莫大的成功。我們都知道在孩子上學之前，他所學的東西在某種程度上都與他的生活有直接的相關，絕不會脫離他生活的領域。那麼他是如何學到這些知識的，就是要建立自然教學方法前，我們必須回答的問題。而答案也很簡單：他不是透過讀書或是聽著課堂上講解怎麼吃東西、避開火源等，而是藉由一次次地自己吃飯、燙傷自己來累積經驗——透過不斷地實作來學習。因此，現代的教師認為學生在學校應該要加強實作的學習。

忽視兒童本性的這種重要活力的教育往往是「學術的」、「抽象的」，這些詞彙的意義不大。如果教科書被用作唯一的教材，那麼對於老師來說，這項工作就會變得更加困難，因為除了教授所有的東西之外，他還必須不斷壓制並切斷孩子的活力。就兒童而言，教學成為一個缺乏意義和目的的外部表達。事實知識如果不在小孩的生活中有其意義和重要性，這些事實知識往往是荒蕪而死寂的，它們只是學生在學校時需要探究和學習的象形文字。只有孩子從學校中學到和現實生活中相同的事實後，這些對他來說才有意義。例如，那些在地理教科書中出現的孤立事實，在真實生活中發生的機率必然很小。

對於任何一個科目的專家來說，學科知識都是分類的和有秩序的，但在它被放進孩子的教科書之前，必須簡化並且大大減少為一個個的單位。教材發人深省的特質變得模糊，組織功能也消失。孩子的推理能力、抽象概化的能力，沒有得到充分的發展。這並不意味著教科書必須消失，而是其功能改變了。它成為學生節約時間和錯誤的指南，教師和書本不再是唯一的指導者；手，眼睛，耳朵，其實是整個身體，成為訊息的來源，而教師和教科書分別成為起始者和測試者。沒有書或地圖可以替代個人的經驗；它們不能取代實際的旅程。計算物體墜落的數學公式，無法代替從樹上扔石頭或把蘋果搖下來。

當然，做中學並不意味著用手工工業或手工來替代教科書的學習；然而同時也意味著，盡可能讓學生在有機會的時候從事手工工作，對於保持孩子的注意力和興趣有很大的幫助。

印第安納波利斯（Indianapolis, Indiana）公立學校系統的45[4]小學，正在嘗試進行一些實驗，讓孩子們可以做中學。完成州立課程所要求的工作外，教師們不斷尋找新的方法來防止學習變成教科書事實的鑽取，或者為考試作準備。

在五年級時，課堂活動以孩子正在建造的平房為主軸。班上的男孩在動手訓練時間內做了平房，但是在他們開始之前，每個學生都設計了一套房子規模的計劃，並且在他們的算術課程中，計算出他們需要的木材數量和成本，無論是為他們自己的遊戲平房和一個全尺寸的木屋；他們完成了房屋測量所相關的大量問題，比如查看每個房間的地板和牆面以及空間等。孩子很快就為他們的房子發明了一個家庭，並決定讓這個房子住在一個農場裡。算術的學習則是基於整個農場的需要。首先，這個計畫是為了耕種而設計，並且根據孩子自己收集的資訊按比例繪製的，依據他們農場的需要自己發現問題；例如玉米田的大小，需要多少蒲式耳[5]的種子；他們可以期待多大的作物，以及多少利潤。孩子們表現出極大的興趣和創造力，他們發明了包含正在學習的特定算術過程的問題，而這些問題仍然適合他們的農場。他們修建了圍牆、水泥人行道、一堵磚牆，為家庭行銷、賣黃油、牛奶和雞蛋，並且購買了火災保險。當他們在為房子貼壁紙時，需要貼壁紙的區域與購買、剪裁和貼壁紙，足以為他們提供測量所需的必要練習。

英語課程的學習也是一樣，以平房建築和裡面的住家生活為主題。拼音課程來自於與建築物相關的詞彙。完成平房的計劃，房屋和家具的描述，或住在其中的家庭的生活，為閱讀與寫作課程提供了無盡的素材。當作者在全班同學面前大聲朗讀自己的作品時，對作品的評論就成為修辭方面的學習，即使是文法的學習也變得更有趣，因為這些句子都和農場有關。

藝術課也是配合孩子在建築物和家具的實際工作。學生非常在乎他們的房子應該很漂亮，所以內部和外部的配色方案就有許多色彩和色調方面的問題。後來他們發現了很多設計的機會，為房子做壁紙，選擇和裝飾窗簾及室內裝潢等。每個學生都完成

4 45小學：45是學校的名稱，相對於私立學校校名有特定意義的校名，美國公立學校系統普遍使用數字編號作為學校名稱。

5 蒲式耳（bushel）是英制的容量及重量單位，於英國及美國通用，主要用於量度乾貨，尤其是農產品的重量。通常1蒲式耳等於8加侖（約36.37公升），但不同的農產品對蒲式耳的定義各有不同。在農產品的美國期貨市場上，會使用「美分／蒲式耳」作為價格單位。

自己的設計，然後全班決定他們想使用哪一個設計。學生還為浴室的地板和牆壁設計製作了粘土磚，規劃並布置了花園，女孩則為房子裡的娃娃設計和製作衣服。整個班級都非常喜歡他們的繪畫課，因為他們畫出彼此扮演的家庭成員在農場中所展現出來不同職業的姿態。這個年級的作品，主要是孩子們把自己製作的農場生活戲劇化了。不僅是孩子幾乎所有的功課，都圍繞著對學生有內在意義和價值的活動，進行「做中學」，而且大部分工作來自孩子們自己的主動性。他們設計自己的數字問題，提出了房子下一步的工作，批評彼此的作品，並創造了自己的戲劇。

學校裡幾乎所有年級學生都會有機會自己進行背誦。一名學生負責叫每位孩子背誦，除非有必要糾正錯誤或維持課程的重點，否則教師只是教室中的觀察員。班級實際上並非由一名學生負責，所有方法都是用來讓孩子們參與所有的工作，而不是把所有的責任和主動權交給老師。鼓勵學生互相提問，大聲反對和彼此糾正，並在問題出現時，自己思考問題。這不是透過給全班教科書中的一個單元作為新問題的引子，而是向全班提出問題，並經過提問和討論，盡可能地讓學生實際實驗，試圖提出解決問題的方案，或者至少讓學生在他看到書本問題之前，就了解問題所在。

這個方法可以應用於所有課堂的學習，但從地理課學習的例子，尤其具有啟發性。有一個年級正在研究巴拿馬運河，但很難理解運河的目的或運作，尤其是船閘的部分；換句話說，學生在心智上，對於老師告訴他們的東西興趣缺缺。教師完全改變了他自己的方法，並且從頭開始，要求全班想像日本和美國處於戰爭狀態，而他們是華盛頓政府，並且掌握軍權。學生立即感到興趣，而且發現如果美國的軍船要及時抵達太平洋，來保衛海岸和夏威夷群島，穿過巴拿馬運河是絕對必要的。直到教師再次向他們解釋這些船閘的作用前，山脈似乎是一個不可能克服的屏障，這時他們掌握了這個原則。許多同學的確對這整個事件感興趣，他們在家裡製作了船閘的模型，然後帶到學校來。他們自由而準確地使用地圖，來防止國家被入侵，直到有一名學生問到為什麼美國實際上沒有在巴拿馬地峽建造一條運河的時候，他們才注意到原來這些讓他們感興趣的遊戲，其實與他們之前一直試圖從教科書中記住的那些令人費解的事實，有著這樣的關係。

學校老師運用所有和學生實際生活有關的例子，這些例子與這年級所學習的內容非常吻合。因此，三年級在他們的課堂上建立了一個郵包系統，以他們在英語和算術課程學習內容為基礎，並同時學習如何使用地圖、秤重和重量。一家零售鞋店的例子給了一年級學生很多的學習和樂趣，而短短歌曲的遊戲和舞蹈，對他們數字的學習有很大的幫助。學校辦公室裡的大多數家具，都是由大男孩在他們的商店裡製作的，其中幾間教室裝飾著學生們在藝術課上製作的模板圖案。整個學校在數字上的學習，則是用具體的方式上課，小小孩子有一堆牙籤和紙張的櫃子用來做加法和減法；年長的學生在學習新內容的過程時，則可能需要撕紙或在紙上畫出方格子。教師提供一些相關的事情讓這個班級實做，藉以說明教導的過程，然後孩子分析他們自己做的事，最後，他們會做一些純數字的練習。

許多芝加哥的公立學校，也正在盡一切可能給自己的教學賦予新的意義；用兒童自己可以處理的教材，並從中自己學習。不依賴個別教師的特殊性，這項工作已納入正規課程中，可能導入整個教學系統中，就如教科書現在是大部分學校統一的方式一般。這項工作主要應用於低年級的歷史和公民，不過，我們很容易想像這些原則如何在地理或其他一些主題中使用。低年級的歷史主要透過沙盤的方式學習，孩子也許正在研究建造房屋的原始方法，並且在他們的沙盤上建立一間茅屋，一間窯洞，一座樹屋，或一間愛斯基摩雪屋。孩子自己做所有的工作；只有在必要時，教師才會提供建議和幫助，以防止真正的錯誤；但是教師會提出學生在建造的房子時可能遇到的相關問題，並期待他們會自己解決。

三年級在研究芝加哥早期歷史的時候，沙盤的使用方式也是一樣的。他們將沙子製作成鄰近地區的一張大略的地圖，然後用樹枝修建第一批拓荒者定居的堡壘和木屋，在寨子外面有一個印第安營地。他們把水放進設計的湖泊和河流，水上漂浮著獨木舟。其他的年級也以同樣的方式，學習這個國家第一批拓荒者的運輸歷史。高年級學生正在研究他們的城市政府，並製作沙盤來說明城市政府的不同部門，一個教室裡有一個救生站，有不同類型的船隻和生命線；其他教室則有電話、郵差和郵包系統，以及兒童自己特別引以為傲的街道清潔系統，因為他們複製了在校舍附近的一些小巷中實際發現的狀況。除了那些骯髒的小巷，就像學校附近的那些小巷一樣，他們根據老師告訴他們關於其他城市的清潔系統，擬出一個最好的計畫，製作了一個衛生的垃圾清潔設備模型。

在另一個學校裡，四年級以上的所有學生組織成公民團體。他們將學區劃分為較小的區域，一個團體負責一個區域，對每個區域進行調查，製作他們自己的區域地圖，統計街燈、小巷和垃圾桶，以及警察的數量，或者聚焦在他們最感興趣的一件事情上。然後，每個團體都決定他們想為自己負責的區域做什麼事情，並著手完成它；無論是清理破敗的巷子還是改善街道照明。他們使用了成人公民團體會採用的所有方法，寫信給市政府部門，打電話給市政廳，並且實際去清理小巷的環境。學生對這項工作具有高度的興趣和熱情，現在他們正在透過廣告和舉辦鄰里會議，發起一場為學校爭取遊樂場的運動。這些年級的英語作品是以團體的工作為基礎，學生追踪記錄他們所做的工作、製作地圖和寫信。

大多數沒有嚴格職業教育傾向的手工和產業工作，都體現了「做中學」的原則。現今，這些方式幾乎都可在致力於進步主義實驗教育[6]的學校中發現。全國許多學校都在讓學生印刷出版作品上獲得巨大的成功。這些出版作業並不是為了教導學生不同的交易過程，而是讓孩子可以自己印刷出版任何學校經常需要的小冊子、海報或其他文件。除了學生在排版、操作印刷機，以及出版印刷品方面表現出的興趣之外，這項工作被證明在英語教學中有其特別的價值。排版是在拼寫、標點符號、段落和文法中進行探究的一種好方法，因為作品是真的要付諸印刷，此事實提供學生在書寫上降低錯誤的動機，這是學生為了教師要求而完成寫作時從未有的動機。校對是另一種類似的練習，在這些學校裡，出版作業實際上發布了學校一年中所需要的印刷品，包括拼寫名單、課程和學校論文。

學校正在嘗試各種實驗讓英語的學習更具體。教科書的教學方法，學習規則和定義，然後練習應用，已被證明是不成功的方式。每一位老師都熟悉一位男孩的故事：為了在他的腦海中留下正確的文法形式，一位男孩在一張紙上寫了五十次「我已經離開了（I have gone）」，然後他在頁面底下留了一個備註給老師「我已經回家了（I have went home）」。學習的目的對英語課程似乎是絕對必要的，因為孩子看不到語法或拼寫方面的進步，對他最感興趣的東西有何效益。當然，如果這種進展所談的是學者的作品，那情況就另當別論了。我們需要給學生一個寫作的理由，對於拼寫、標點符號和段落正確使用動詞的動機，於是，「進步」就會成為經驗的自然需求。

沃特先生（Mr. Wirt）在印第安納州蓋瑞市（Gary, Indiana）的學校中發現，這種情況是再真實不過了，州級課程要求的正規英語已經以「英語應用」作為補充。在這些時間內，木工或烹飪課程中，學生討論在這些科目中使用的英語，並從語言角度更正他們在這些課程中所完成的任何書面工作，作為其他活動的一部分。這些班級中的一名學生，因為文法錯誤而被糾正，被無意中聽到她說：「那麼，他們為什麼不在英語課的時候告訴我們這些？」她的同學回答說：「他們說了，只是我們不知道他們在說什麼。」

在一些學校裡，如芝加哥的佛朗西斯帕克學校和伊利諾伊州河濱的寇提吉（Cottage）小學，低年級教學中，英語並不是單獨的學科，但學生為他們的歷史課寫作文，記錄他們的短途旅行和其他不使用教科書的學習內容。重點在於幫助孩子表達自己的想法，這樣的工作提供了學生充分的機會來練習所需的寫作機制。芝加哥公

6 這裡的進步（progress）的學校是以杜威所謂「進步主義」。

立學校課程中，文法不再是一門獨立課程，老師會在每次課堂上、每一個人的說話和書面寫作練習時，給予指導。

然而，如果將學生透過用自己的文法和規則來自行分析，作為學習的第一步，而不是最後一步，那麼對十一歲的兒童來說，文法的學習就有目的而且是有趣的。這項工作在布林莫爾學院（Bryn Mawr College）的菲比松爾實驗學校（Phoebe Thorn Experimental School）取得了很大的成功。在課程中沒有文法的課，但是學生問了很多問題，老師決定從他們提出的問題中，讓他們自己發現文法的規則。從學生的課程中，每週兩到三次的英語課堂中抽取幾分鐘的時間。三個月後，全班可以分析任何簡單的句子，可以立即分辨不及物動詞的介系詞，並且完全熟悉動詞「是（to be）」的規則。文法課成為最受歡迎的課程之一，教師和學生一起發明了一些遊戲來幫助他們練習。例如，一個孩子在背上黏著一張紙條，用文法專用語描述一個句子，全班要創造一些配合這個句子的其他句子，那位學生必須猜測他背後黏的紙條的內容。學習歷程中沒有使用任何教科書，老師從句子開始，把它當作一個城鎮，並透過討論幫助學生將它分成區域——單數、複數等，從這裡開始，他們發明了其他的文法規則。然而，現今進步的學校似乎有消除文法為單獨學科的趨勢，並且把它和其餘的英語學習內容（除了文學作品）視為其他學科課程的一部分來學習。

印第安納州因特拉肯（Interlaken, Indiana）男生學校的座右銘是「教男孩生活」，這是「做中學」的另一種說法。在這裡，不僅僅是透過特殊的設備，來使課程變得更有活力和具體，而且透過廢除舊式蓄水池和幫浦般的師生關係的教科書方式，以及透過給予這些男孩一個充滿待完成的有興趣事物的環境來達成。

學校的建築物由學生建造，包括四、五個大的木製建築，正在繪製的計劃，挖掘和奠定的地基，以及由男孩努力完成的木工和繪畫。電燈和暖氣設備由這些男孩經營，所有的電路和燈泡都由他們維修。一個六百英畝的農場，有一個奶製品廠，一個豬舍和養雞場，還有播種和收穫的作物。所有的這些工作幾乎都由學生承擔，大男孩駕駛收割機和綑紮，小男孩則是跟著一起去看這些工作是如何完成的。房子內部由學生以同樣的方式照顧，每個男孩都得照顧自己的房間，走廊和教室裡的工作則是輪流的方式。這裡還有一個可以游泳和划獨木舟的湖，並有足夠的時間進行傳統的田徑運動。大多數男孩正在準備上大學，但從事這項戶外和動手的工作，並不意味著他們要比那些在都市中的高中男孩，得再多花時間來準備上大學。

學校還從鄰近社區購買了當地報紙，編輯並出版一份四頁的地方和學校新聞的週報。男孩收集新聞，做大部分的寫作、所有的編輯和印刷工作，他們同時也是商業的經理，爭取廣告以及增加訂閱的名單，英語系的教師給予男生所有必要的幫助。學生從事所有這些事情，並不是因為想知道某些可以幫助他們離開學校後社會生活的過程，而是因為他們可以使用工具，可以從一種工作轉向另一種工作，以回應不同類型的問題，在戶外鍛鍊身體，並學會日常生活所需要的技能，教育的影響力在於發展主動性、獨立性和體能，總之就是品格與知識。

全國各地許多學校正在對自然探究（work in nature study）進行課程重整工作，試圖重振學生對這個課程的學習熱誠，讓學生真正感受到植物和動物，以及一些真正的科學知識，而不僅僅是文學的相當感傷的描述和狂想。它與一般資訊收集類型的自然科不同，那種一般自然課程不是真正的科學，而比較像是文學類型。在那種課程中，學生被教導了大量獨立的事實，從老師或多或少以雜亂的方式收集的材料開始，他們學習所有關於一個又一個的內容，每個內容與其他內容或任何一般的學習都無關。儘管一個孩子已經了解了大量有關教室外世界的事實，但他卻很少或者沒有獲得，任何可以使得自然本身更加真實或者更容易理解的東西。

如果將自然探究變成一門科學，那麼這個課程的真實材料必須在學生手中，必須有一個實驗室，提供實驗和觀察。在這個國家這是很容易的事情，因為大自然就在學校門窗外。這項工作可以按照之前所描述費爾霍普和哥倫比亞學校已經完成的方式進行重組。

位於伊利諾伊州河濱的寇提吉學校和康乃狄克州格林威治森林的里多學校（Little School），都對他們的自然課程學習，付出極大的努力。在前者，學生有一個花園，在那裡他們種植早收和晚收的蔬菜，以便他們可以在春季和秋季的烹飪課程中使用；學生在這裡做所有的工作，栽種拔草，收集東西。更重要的是，他們對動物所做的工作。例如，在學校中有一種罕見的小鳥，這隻小鳥就像學校中的任何一個孩子一樣，有牠自己的人格特質。孩子關心牠，看著牠的成長和生活習慣，也對野鳥更感興趣。在後院裡有一隻山羊，這是孩子最喜歡的地方，他們從小的時候就開始飼養牠，他們仍然做所有照顧牠的工作。學校鼓勵他們以各種方式觀看和報導學校裡的寵物，以及他們在樹林裡發現的動物。

格林威治森林的里多學校中，戶外學習是整個學校課程的基礎，自然探究是很重要的部分。學生小組在所有季節和天氣中漫步穿過樹林，學習所有樹木的外衣，以及每季都會出現的花朵。他們學會了解鳥類及其習性，之後以同樣的方式研究昆蟲，並學習天上的星星。事實上，他們大部分時間都在戶外，學生親自獲得大量關於大自然世界的第一手知識。在這項學習的基礎上，學校的指導者伍德拉克（Woodcraft）相信樵夫（woodman）所做的事情——騎馬、狩獵、野營、探索、爬山、印第安工藝、划船等等——都將會培養出更強壯、健康和獨立的年輕人，他們會發展健全的品格，和一種真正的自然美感。自然探究成為其他學習內容的一部分。老師總是和學生們一起，不管他們是划船、散步，還是做園藝，對他們解釋，他們在做的是什麼，以及為什麼，並且把他們的注意力集中在與他們有關的事情上。毫無疑問，學校的孩子，甚至是小小孩子，他們對大自然的了解和欣賞，甚至是在這個國家的孩子中也是非常罕見的。

在大都市裡，自然探究是一個非常不同的問題；在大都市裡，唯一的植物只能在公園和較正式的院子裡看到，唯一的動物是運輸的馬和胡同裡的貓。教師自己也很困惑到底什麼是最好的教學方式，好讓沒有接觸過大自然的學生熱愛大自然；自己也在懷疑發展自然觀察能力的價值何在，因為學生被要求觀察的事物，不僅不在學生的生活中扮演任何角色，而且學生還得在相當人為的環境中觀察。然而，雖然野生自然的環境、樹林、田野和溪流的世界，對於都市孕育的孩子來說幾乎是毫無意義的，但即使對於從未見過樹木或牛的孩子來說，也有大量素材可以使自然成為一件非常真實的事物。

現代教師以課堂上熟悉的東西，籠中的金絲雀，魚缸裡的金魚，或遊樂場旁的滿是塵埃的樹木為出發點，教師並從這些東西中逐漸讓孩子關注大自然，直到他們能真正了解「鄉下」，及其在每個人的生活中所扮演的角色。菜園很明顯的可以是大多數都市裡的孩子觀察大自然的起點；如果在他們自己的後院沒有小花園，那麼鄰居家會有後院，或者他們有興趣了解他們吃的東西來自哪裡以及它們是怎樣長大的。

在印第安納波利斯和芝加哥，公立學校都體會到這些自然探究對孩子學習的價值。在印第安納波利斯，園藝是七年級、八年級和高中的一般課程。這個城市買了一大片土地，讓城裡的人都可以利用，任何一個家裡沒有花園的孩子都可以申請一塊花園，以及園藝相關理論和實踐的課程。這些園地大到足以讓學生獲得相當豐富的園藝經驗，並將他們在課堂上學到的東西付諸實踐。男孩和女孩都有花園，並且因其園藝的學習而獲得學分，就如其他的學科一樣。整個學校系統都試圖引起學生對園藝的興趣。從一年級開始，統計紀錄了家中有花園的兒童的數量，無論他們是蔬菜園還是花園，以及種植什麼。學校給想要種植新東西的孩子提供種子，學生用在花園做的事情來獲得成績。

這類的學習在許多農村地區的學校已經成為正式課程。每個人都熟悉南方和西方小學生中的「玉米俱樂部」[7]，他們為農民提供最佳土壤，成為極好的示範。許多小

7 玉米俱樂部：Corn Club，美國早期農業教育政策在學校推行的運動。

城鎮裡，送種子給想要花園的孩子們，並且在秋季舉行花卉和蔬菜展競賽，以競賽的獎勵作為追踪學習和喚起社區興趣的手段。確實，這些努力中的大部分都是將當地的農業利益轉移到學校，用於改良作物，從而增加鄰里的財富；當地的學校董事會也已經開始接手這項工作，不會因為它的功利色彩而降低它真正的自然學習價值。它可能成為真正的自然科學探究的方法，絕不會阻礙傳統上對自然之美與實用價值的教學。

事實上，這是學校用來達到這個目的的最強大武器。每個人，尤其是兒童，都享受並尊重那些他們具有最大知識基礎的東西，任何東西的真正價值對於了解它的人來說都是最明顯的。熟悉作物的成長和食物供應的科學，絕對會對產業和觀察習慣產生巨大影響，唯有觀察園中所有階段和條件且不斷探究原因的園藝工作者才會成功。除此之外，讓我們的年輕人長大對農民及其工作有真正的尊重，是一種純粹的經濟價值，這種尊重應該會抵消人口湧向擁擠都市的壓力。

芝加哥公立學校的課程，並不像印第安納波利斯那樣有組織，但在都市一些地區，很多重點也都放在園藝的自然學習上。許多學校都有學校花園，讓所有的孩子都有機會做真正的園藝，這些花園被用作探究工作的基礎，而且孩子們還可以獲得科學園藝指導。這項工作是一個公民化的轉變，也就是說，花園對兒童和鄰里的價值體現在兒童身上，對兒童而言，這也是賺錢的方式，用種菜的方式幫助家人；對社區而言，花園是清理和美化社區的手段。如果居民想要他們的後院或者空地變成花園，他們就不會在花園或空地上丟垃圾，或讓其他人這樣做。特別是在這樣的一所學校旁的街道上，這項工作產生了改變。從孩子們的興趣和努力開始，整個社區開始對開創花園非常感興趣，並且善加利用每一塊土地。這是一個貧窮的地區，除了改造庭院之外，花園一直為居民提供真正經濟上的幫助。在學校的幫助下，社區有一群成年人在城外租了相當大的一片土地，開始創造商業蔬菜園，該實驗取得了巨大成功。沒有經驗的都市居民可以利用學校提供的指導機會，讓蔬菜園從一開始的計劃和開展工作就獲得成功。學校的獲益同樣的多，因為一大群外國籍的父母因為菜園與學校接觸密切，發現學校在鄰里是一支真正的力量，並且可以與學校合作。這些外籍人士通常因為怯懦和無知，或者感覺它是一個高於他們的機構，而遠離孩子上學的學校。

除了上述地區以外，芝加哥「公民自然探究（civic nature study）」的推動力，很大程度是來自芝加哥師範學院一位生物學的教師，他積極致力於解決這個問題。除了熟悉的園藝工作外，他還特別關注商業園藝的組織。他在教室種植植物，來培養學生的美感、科學例子以及提供地理學方面的資源。因為發現植物學的科學原理，可以透由種植適應家庭環境的植物，以及根據抽象科學理論基礎選擇的標本來教導，是以植物的選擇特別注意當地地區的條件，並且希望提供刺激，讓學生自己來美化環境。透過對公園、遊樂場和周圍環境的特殊探究，孩子可以學習如何美化他們的城市，並強化獲取訊息的實用動機。他們把寵物留在教室裡，比如白老鼠、魚、鳥和兔子。當然，這些動物用來說明動物結構和生理學的原理，同時也用來教導人性的對待動物，和對動物生活的普遍同情。這些都很容易，因為比起植物，孩子天生對動物更感興趣。對兒童而言，動物成為真正的個體，牠們的需求得到尊重，兒童注意到關於寵物的健康和活力的有效條件，對個人衛生問題的興趣自然增加。

可以看到，雖然自然探究是用來培養科學的元素，但它的主要用途，是培養學生對植物和動物在生活中的重要性的同情性理解（sympathetic understanding），同時培養他們的情感和審美興趣（emotional and aesthetic interest）。在較大的都市，情況與農村生活和鄉村有很大不同。成千上萬的孩子相信水泥和磚塊是地表的自然覆蓋物，樹木和草地對他們而言，是不尋常的，而且是人為的東西。他們的想法就像牛奶、奶油和雞蛋是來自商店一樣；他們不知道牛和雞是怎樣的動物——在紐約擁擠的地區，最近的一次老殖民聚會中，他們最大的好奇之一是從鄉下來的一頭牛。在這樣的情況下，很難做出在自然科學探究上有重要價值的科學性問題。當然，課程裡的事實和原則並不符合兒童經驗中的狀況。即使天氣變得溫和，季節變化的過程對學生的生活沒有特別的影響，除了冬季需要多一些的溫暖外。都市中的自然學習就像繪畫或音樂之類的藝術，它的價值是美學，而不是直接實用的。自然對於兒童的活動來說，是一個很小的元素，除了它變成了公民的目的，否則很難賦予它「學科性」的價值，對於自然探究的模糊感覺，可能是很多都市學校，對自然探究採取偶然性和半隨意性教學方式的原因。為都市兒童尋找自然探究觀察的素材，存在一個嚴重的問題，那就是他們如何像鄉村兒童一樣自然而然的做到。

普萊特小姐（Miss Pratt）在紐約市最擁擠地區的小型「遊戲學校（play school）」中，為這個目的進行了一個非常有價值的實驗。這些小孩子根本沒有學過自然探究。如果他們去公園或者養寵物和種植花卉，那是因為這些東西是遊戲的好材料，也因為它們很美很有趣；如果孩子提出問題，並希望對這些東西有更多了解，那就更好了。不是告訴孩子那些和葉子與草地、牛群和蝴蝶有關的知識，或者尋找孩子可以觀察它們的難得機會，而是利用孩子們在街上和家中看到的大量東西，在街對面的新建築同樣適合提供如在公園觀察和提問的學習機會，對兒童來說這些更為熟悉。他們了解這些人如何將磚塊和水泥運到樓上，他們看到沙石車卸貨，可能有一個孩子知道司機是從河邊船上取來的沙。他們注意到送貨員走過街道，並發現他從哪裡取出麵包拿給媽媽。他們看到遊樂場上的孩子們，學習到除了樂趣之外，對他們的身體也是有益的。

他們走到河邊，看到渡輪來來回回載送人們，也看到煤駁船卸貨。所有這些事都比鄉下生活的事物，與他們的生活更息息相關。因此更重要的是，他們理解這些事物的意義和與自己生活的關係，而同樣可以訓練良好的敏銳性觀察。這些學習同樣有價值，因為這是學生稍後將探究的科學和地理基礎。除了喚醒他們的好奇心和觀察能力之外，這些事物還向他們展示了社會世界的元素，未來的學習將會解釋這些元素。

密蘇里州哥倫比亞地區的小學根據同樣的原則安排了課程。隨著哥倫比亞地區天氣和季節的變化，孩子們使用和學習的所有材料，都來自學校或家園附近；他們對季節和天氣的研究，是隨著哥倫比亞地區的天候和季節變換，一天一天的做。更重要的是，孩子們對自己的城鎮、食物、衣服和房屋所做的探究，不是來自教師的指導，而是孩子們自己四處遊歷以及睜大眼睛看到的。這些材料與他們自己的生活息息相關，因此更容易教兒童如何生活。向都市成長的孩子教這些東西的理由，與教導鄉村孩子了解園藝元素和當地土壤的可能性是一樣的。透過理解他自己的環境，兒童或成人學習他自身的美和秩序的衡量，尊重實際的成就，同時也為自己對環境掌握奠定了基礎。

第五章　遊戲
Play

所有的人在大部分的時間中，都依賴著玩與遊戲來教育兒童，尤其是幼兒。玩是如此自發又必然，以至於很少有教育研究者給予遊戲在理論上的地位如同其在實際中的重要，或試圖找出兒童的自然遊戲活動是否可供在學校內採用的建議，前人中的柏拉圖和現代的福祿貝爾是兩大例外。從盧梭和佩斯塔洛齊的論點中，福祿貝爾了解了教育的原理即自然發展；然而，與這兩位前輩不同的是，他熱愛智能系統，並偏愛某種神祕的形而上學。因此，我們在他的理論和實踐中發現的不一致，和佩斯塔洛齊的不一致相同。

討論自然發展比找到確定它的方法要容易得多，許多對兒童是「自然」的東西，對成年人來說卻是自然而然的厭惡，而許多表現對成長似乎沒有任何幫助。福祿貝爾就如其他許多的教師一樣，基於急切渴望找出一種可以涵蓋整體，以及讓任何教師都能夠方便使用的教學方法，他致力於制定出所謂發展的「法則」，也就是無論個別兒童的狀況和經歷的差異如何，都會遵循同樣的法則。正統的幼兒園，往往比福祿貝爾本人更加福祿貝爾式地遵循這些法則。但是，現在我們發現重回福祿貝爾教學精神的企圖，雖然其字面意義上或多或少發生了根本性的變化。

雖然福祿貝爾自己對兒童的同情，以及他個人經歷，促使他強調兒童生活的本能表達，但他的哲學思考使其認為自然發展，就在兒童自身已經**本然擁有**的絕對與普遍的原則中**開展**著。他還相信，在外部物體的一般特性與心智的開展品質之間，有一種精確的對應，因為兩者都是同一的絕對現實的表徵。這些觀點隨之出現了兩種實際的後果，這些後果經常比他對兒童本身的興趣佔上風。其一是，由於發展的規律是一種普遍性，因此具體研究兒童以找出自然發展的內容相形下顯得並不重要；如果兒童的發展不同於普遍性法則的條件，那麼糟糕的、有問題的是兒童，而不是「法則」本身，因此，他認為教師應該掌握完整的發展公式。另一個後果是，按照規定的公式，對外部材料的介紹和處理，成為確保適當發展的方法。由於這些對象的一般關係，尤其是數學方面，是發展的普遍原則的表現形式，因此它們構成了揭示兒童身上原來隱藏的同樣原則的最佳方式；兒童的自發性遊戲被視為可教育的，是因為它們象徵著普遍存在的一些規律，而非因為他們的本性。例如，兒童應聚集在一個圓圈內，不是因為圓形分組方便社會性和實際上的目的，而是因為圓圈是無限的象徵，這個象徵會喚起孩子靈魂中的無限潛能。

上面提到的恢復福祿貝爾精神的那些努力，是在嘗試著保持福祿貝爾的最佳貢獻。福祿貝爾強調遊戲、戲劇、歌曲和說故事等，都涉及對材料建設性的使用，以及他對兒童之間社會關係重要性的深刻理解，這些都是永久的貢獻，而且持續發揮影響力。但他們正在藉助福祿貝爾時代以來，先進的心理學知識以及社會職場上的變化，直接，而非間接地，利用這些因素轉化成為形而上學，而這種形而上學即使是真實的，也是高度抽象。

在另一方面，他們也正重返福祿貝爾本身，反對其他門徒對福祿貝爾的想法有任何的更改。這些追隨者在遊戲和有用的活動或工作之間，建立了鮮明的對比，這使得他們的幼兒園的實踐，比一般幼兒園更具象徵意義和感性。福祿貝爾本人強調，兒童對社會工作分享的慾望，這和佩斯塔洛齊所重視的一樣，因為福祿貝爾訪問過佩斯塔洛齊的學校。例如，他說，「年輕成長中的人應該早期接受外界工作的訓練，從事創造性和生產性活動。透過工作並從其中獲得的經驗教訓，對其工作本身以及對學習者的影響，是印象最深刻且最明確的，最持續且漸進的。每一個小孩、男孩和青年，無論他的處境和生活方式如何，都應該每天至少投入一兩個小時來進行一些嚴肅的積極工作，從而建構一些明確的外界工作。在學校裡建立與既有的學習時間相似的實際工作時間是最有益的安排，而且學校未來將會是這樣的。」就如我們在本書中討論的一些學校已經達成的成就，我們看到福祿貝爾在最後一句話中展示了他是一位真正的先知。

全國各地的學校目前正在透過使用結構性的遊戲、玩具製作，或基於遊戲動機的其他建造活動，作為一般課程的一部分，善用兒童對遊戲的直覺，這與更高年級運用課堂外的環境作為課程的激勵是一致的。如果要透過空間時間，以最有說服力的課程，將職業工作帶進學校來給孩子，那麼對最年幼的兒童而言，只有用遊戲作為大部分工作才是自然的。當然，年幼的兒童生活中最重要的部分是玩遊戲，無論是從大孩子那裡學習的遊戲，還是他們自己發明的遊戲，後者通常採取模仿他們長輩職業的形式。所有的小孩都會想到玩房子、醫生或士兵的角色扮演，即使沒有提供他們暗示這些遊戲的玩具。事實上，遊戲的一半樂趣來自於找到和創造玩遊戲所必要的東西。遊戲的教育價值是顯而易見的，它教孩子們有關他們生活的世界，他們越玩越精細，遊戲成為他們的工具，整個遊戲成為他們父母日常生活精確的畫面，只是穿戴著兒童的語言和行為舉止。透過他們的遊戲，他們了解了成人世界的工作和遊戲，除了注意到構成這個世界的元素之外，他們還發現了許多讓遊戲繼續的行動和過程。

雖然遊戲在教導孩子如何生活方面具有實際價值，但顯而易見的是，同時它也對抗拒改變產生了強大的影響力。透過對習慣的訓練和對孩子注意力和思想的轉變，模仿遊戲傾向於使兒童的生活成為父母生活的複製品，兒童在玩房子的遊戲中，更易於將長輩的粗俗、錯誤和偏見視為最好的東西而複製。在玩耍時，他們會更仔細地注意到這些細節，從而修復他們的記憶和習慣，而不僅僅是漠然地生活在他們周圍環境的整個氛圍裡。因此，儘管模仿遊戲在教導孩子注意周遭生活環境，和一些必要保存的過程方面，具有很大的教育價值，但如果環境不好，孩子會學習壞習慣和錯誤的思考及判斷方式，這些都會是難以改變，因為這些他是透過遊戲活出來而固著了的。

現代幼兒園越來越認識到這一點，他們正在運用遊戲，那些孩子在上課時間以外玩的遊戲，不僅是作為使孩子對工作感興趣的方法，而且是源於活動本身的教育價值，以及為兒童提供對日常生活某種正確的理想和想法。有玩具可以玩以及有可以用來製作他們遊戲中所需要的東西的材料的兒童，可以在學校裡玩房子遊戲和類似的遊戲，在家中將會以像他們在學校的那種方式玩房子遊戲。他們會忘記模仿在家看到的那些粗魯而粗糙的東西，注意力會集中在那些學校為了傳授更好的目標和方法而設計的問題上。

哥倫比亞大學師範學院的幼兒園，很難被一個正在思考福祿貝爾門徒所制定的教學機制的訪客，認為是幼兒園。幼兒園是大學培訓學院的一部分，從一開始就被認為是學校系統的一部分，是作為教育的第一步，而不是或多或少不必要的「額外」。為了奠定高等教育永久的基礎，他們一直在利用既有教育體系及自身實驗，嘗試發展一種具有實際價值的課程。為了找到真正教育價值的所在，教學實驗已經開始在進行，試圖回應以下的問題：在兒童顯然毫無目標和無價值的自發活動中，有可能發現一些可開始用來肯定其價值的東西嗎？如果以適當的方式指導，是否有一些粗略的表達方式，可能可以成為發展精緻和工業藝術的開端？維護兒童的個性和自由，需要多大的自主性活動？教師是否有可能以足夠的童心設計問題，或目標以適應兒童成長的模式，並鼓舞兒童以同樣自發的熱情去調適？結果表明，當孩子的本能活動與社會興趣和經驗連結時，就能達到最佳的成效。對幼兒而言，後者以他們的家庭為核心，他們的個人關係對他們來說是最重要的。對娃娃的濃厚興趣是兒童依附人類關係的重要指標，洋娃娃也就成為了一個方便的起點。以洋娃娃為動機，孩子有無數的事情願意去做和創造，為娃娃解決問題，手和建造工程擁有了真正的目的。娃娃需要衣服，全班都會渴望為這娃娃製作衣服，但兒童不知道如何縫製，甚至裁剪布料，所以他們得從紙和剪刀開始製作模組，自己用娃娃修改和實驗，老師只提供建議或批評。當他們獲得了成功的模組後，他們選擇並剪裁布料，然後學會縫製它。縱使這些服裝沒有完全成功，這個班級已經從製作歷程中獲得很大的樂趣，並且從一個明確的目標中獲得訓練，除了學會對剪刀、紙張和針頭的控制外，也從方便的剪紙、刺繡和剪裁練習中習得手工靈巧度。

娃娃需要一間房子，在教室的一個角落裡，有一個大箱子，它大到吸引全班來為娃娃蓋房子，而且不是一天之內就能完成這間房子。扁平長方積木用來蓋牆壁和屋頂，正方形的積木用來做地基和窗框。當房子完成，它足夠讓二到三位兒童進去和娃娃玩。每位兒童很容易就會發現，為了建造一座真正站得起來，並成為所謂的房子，需要大量艱苦的思考和嘗試。有了房子，就需要家具。兒童學會使用工具來削切木塊和薄板，以製作桌子、椅子和床舖，為桌子製作桌腳，對於全班來說是一個特別有趣的問題，他們一遍又一遍地發現自己如何可以做到，並且順利完成這些工作。娃娃家庭所需的菜餚，給了兒童用黏土設計模子和裝飾的動機，而為娃娃梳妝和換衣服則是兒童永遠不會厭倦的工作，它提供了扣扣子和解扣子以及打結的極佳練習。

一年四季的變化以及因這變化而來的戶外遊戲，提供了兒童其他創造行為的動機，這些滿足了兒童真實的需求。在春天，他們想要彈珠和樹梢；在秋天，則是風箏；但是對貨車的需求則不限於任何一個季節。要盡可能讓兒童自己解決問題，如果他們想要彈珠，他們就會自己實驗，直到他們找到一個好的方法來使東西變成圓形。如果他們要製作或解決更困難的問題，明顯超出他們的所能，他們就會得到幫助。然而，這種幫助決不會採取指揮的方式，不會告知他們如何按照順序執行每一個步驟。因為學習的目標，是訓練兒童的主動性和自力更生能力，透過兒童自己解決問題來教導他們思考。對大一點孩子而言，如果他們得自己計劃和製造材料才能製作小推車，這個就超出他們所能，但是當他們有了鋸好的木板和圓形的材料可以當作車輪時，他們努力將它們組裝在一起時，就會發現如何製造可用的小型貨車；而為他們的彈珠縫製袋子，和縫製可以在繪製娃娃的家具或在午餐後清洗盤子時保護他們衣服的圍裙，都為縫紉提供了額外的練習機會。

從一個個娃娃的需求開始，孩子的興趣自然而然地會發展到一個家庭，然後是整個社區。用紙娃娃和盒子，孩子可以自己製作娃娃的房子，直到他們一起創造了整個村莊。在他們的沙盤上，全班可以建造一座擁有房屋和街道、圍牆和河流，有樹木和動物的公園的小鎮。事實上，遊戲比學校裡的學習，為兒童提供了更多創造事物的機會。這種建造工作不僅讓孩子充滿興趣和熱情，如同他們對任何好的遊戲所表現出的熱情，而且教會他們工作的好處。在滿足娃娃和他們自己的遊戲需求時，他們正在提供一個小型社會的需求，在此同時也獲得社會上實際用於滿足他們需求工具的控制能力。男孩和女孩對所有這些工作，不論是裁縫和玩娃娃，製作彈珠和木工，都有同樣的興趣。那種某些遊戲和工作是男孩的，而其他則為女孩的工作的想法，純粹是一種成人生活條件的反射概念。對一個男孩來說，玩娃娃的樂趣就像他的妹妹玩娃娃一樣迷人而且恰當，除非有人將這個想法灌輸進他的腦袋。

這個幼兒園的計劃並非專門用於建造而已，它也充滿了摺紙、刺繡、縫紉的空間，以及大孩子幼兒園的實物教學工作，每天留出足夠的時間讓他們嘗試自己的遊戲，照顧他們在戶外的小花園，以及團隊遊戲、故事和歌曲。

玩耍動機的一個有趣的應用是在師範學院的操場上，是由同樣帶領幼兒園的老師實驗。這裡有一個室外遊樂場供較年幼學生在課後使用，孩子不是花時間去鍛鍊體操或者玩小組遊戲，而是正在打造一個小鎮。他們用大型的包裝紙箱蓋房屋和商店，有兩三個兒童彼此照應；並且制定了一個相當複雜的城鎮組織，有電話、郵局和警察服務，一家可以存錢的銀行，還有一個維持現金流通的巧妙計劃。兒童大部分時間都花在木工工作上，修建房屋、製造貨車、房子家具或兩家商店的貨物。這些工作提供的運動幾乎與普通的操場類似，它以更有效的方式讓孩子變得越來越忙碌和快樂。除了在戶外進行健康的娛樂活動外，他們也正學習如何承擔對在社區中有益的工作和責任。

匹茲堡大學也有著同樣的幼兒園，作為城市大學的一部分，它被稱為「童年的學校（The school of childhood）」。這個學校強調孩子健康體格的發展，以兒童的自然興趣為核心開展，他們顯然沒有像師範學院幼兒園那樣做很多建造工作，倒是有比較多個人遊戲。作者沒有去過這所學校，但它似乎有許多新穎的元素，這些元素應該對於任何對教育實驗感興趣的人都有所啟發。

普萊特小姐在紐約市領導的「遊戲學校」中，所有工作的安排都以小孩遊戲活動為主。引用普萊特小姐說的話，她的計劃是：「給孩子提供一個機會，讓他在自己的社區中汲取生命線，並且以個人的方式表達自己的想法。」學校的實驗主要關注在學科方面，預設孩子在學習前就擁有很多資訊，他每天都會在這些資訊的基礎上添加新的資訊，這些資訊足以引導他的注意力，以便他可以用更相關的方式獲取他所需的資訊，並將這些資訊應用於他個人玩玩具和積木的計畫中，以及透過繪畫、戲劇和口語等一般方式表達他自己。

學校中的孩子都是幼兒園的年紀，來自實際活動機會有限的家庭。每個孩子都擁有自己的地板空間，並有一個隔板可以充分讓他自己與其他人隔離，這樣他的作品才會真正是他個人的。在教室裡有一個小小的工作室，學生可以視遊戲的需要，做出或改變各種東西。這些工具都是整套的，還有一些雜木碎片。在教室的櫥櫃和架子上有各式各樣的材料，玩具、大塊和小塊的黏土、布料、針和線以及一套蒙特梭利教材。每個孩子都有他專屬的剪刀、紙張、顏料和鉛筆，並且可以自由使用所有他選擇的材料。他可以選擇他想製作的獨立物件，或者放置一些更大的建築，比如鐵軌和車站，或者娃娃的房子、一個小鎮或者農場，然後運用手邊有的材料做出他自己的想法。

一件作品經常會持續數日，並涉及相當多的附帶作品，例如軌道和信號、黏土盤子、家具或娃娃的新衣服。教師的角色主要在教導兒童整個過程和工具的控制，不是用預先安排的設計，而是視學生在建構中的需要而予以協助。教師有機會看到每位學生的弱點和能力，以便在適當的時候進行檢核或激發。除了透過材料處理發展的控制能力之外，兒童的聰明才智和主動性也不斷地被提升。

數字的概念和內容是用建造的工作來教導，如果一個孩子表現出想要做和他的工作有關的字母或標誌的慾望，老師就會協助他製作的方法。學校中使用的玩具都特別好，有約半英寸厚的木板娃娃、男人、女人和孩子，他們的關節可以彎曲，所以可以隨意固定在任何位置；各種各樣的農場動物和兩三種適合娃娃的小貨車，大量的木塊與木釘可以用來固定房屋和橋樑，不會垮下來。一切都是在最簡單的計劃上強而有力地完成的，材料不僅可以自由使用，而且可以有效地使用，每次的成功都會刺激兒童繼續從事新的且更複雜的努力，不會因為歷程或結果破爛粗糙而沮喪。兒童會自己照顧玩具，把它們拿出來玩之後會再歸回原位。他們還要照顧教室，並為他們自己的午餐服務。這項工作以及這些建造的作品，幾乎都是兒童在社區看到的東西的複製品，從而避免了任何人為的暗示。兒童的建造是從已經提到的觀察中發展而來的（p118），這些建造的工作，也提供兒童針對他們所看到的內容進行討論的動機，以及新的、更廣泛和更加準確觀察的動機。

當然，兒童遊戲的自然慾望可以在最低的年級中得到最大的利用，然而學校也可在高年級中運用遊戲的自然本能——也就是戲劇的本能，為了虛構的行動。所有的孩子都喜歡假裝他們是自己以外的某位大人物或事物，他們喜歡透過它所表達的動作來使情境變得真實。對兒童而言，抽象的概念很難理解，孩子從來不確定自己是否真正理解。讓兒童表演，這些抽象的概念對他就會變得真實，或者也可展現出他對所做的事情缺乏理解。行動是理解的考驗，這是做中學，而非傾聽，是更好的學習方式的另一種說法——戲劇和已經描述過的工作的不同之處，在於孩子正在學習。他不再處理需要去完成某項成品的**材料**，而是處理需要採取行動才能成為現實的**想法**。學校正在以各種不同的方式，利用戲劇來使教學更加具體化。對於較大的兒童，戲劇化主要用於嚴謹定義的單詞，也就是讓兒童參與戲劇演出，無論是作為讓英語或歷史更加真實的方法，還是僅僅為了工作的情感和想像的價值。對於小小孩，戲劇可用來作為歷史、英語、閱讀或算術教學的輔助方式，並且經常與其他形式的活動相結合。

許多學校運用戲劇的技巧作為協助教授學科的第一步，尤其是在低年級。例如，一年級的課程就是演出他們例行閱讀課程的內容，每個孩子都是故事中的角色之一，動物或人物的角色。這個方式確保兒童掌握整體情境的概念，使閱讀不再僅僅是一種純粹單字和詞語識別，以及發音的事情。此外，對情境的興趣，可以讓孩子一起學習，並且注意到一些措詞的困難；如果單獨學習這些困難的措詞，可能會令兒童灰心喪氣。戲劇性的因素在閱讀的表現力上有巨大幫助，教師總是不得不敦促孩子「自然」閱讀、「像說話般閱讀」；但是當一個孩子沒有動力去傳達他在字裡行間看到的東西時，他知道老師有這本書，並且比他讀得好，即使這樣看來自然，卻也往往是被迫和人為的。

每個觀察者都很容易就看得出來，游離在單調乏味的學習中的兒童，他們往往學會如何表現出一種表面上的生動活潑和虛構的畫面。戲劇既保障了對文本思想的關注，也確保了自發的努力，沒有偽裝和自我意識，得大聲的說出來，足以被清晰地聽到，而且發音要非常準確。同樣，當兒童引導自己想像正在進行的行為時，他們講故事的效率比僅僅重複某些學校日常的例行工作來得高很多。當兒童得從情節中發展出動作與姿勢，他們發現預演是一項很好的協助。在身體姿態的例子中，經常發現做出姿態的孩子比那些僅僅勉強接受的孩子更好。他已經「感受」到了情境，這在隨後的舉止中很容易影響他的手和眼。在低年級的階段，當兒童在算術上遇到一個具體問題時，經常會發現「表演出」當下的情境可以提供幫助；因為，真正的困難不在於數字，而在於未能把握數字將被使用的情境的意義。

如上所述，高年級的文學和歷史往往是透過戲劇活動來強化的。在印第安納波利斯學校的第六屆畢業生以戲劇詮釋「睡美人」，他們不僅創作歌詞和舞台導演，還為這個戲劇寫了歌曲和音樂。這種聚焦在單一目的探究上，通常會追求每個工作項目自身的激發活動。文學表現不再是那麼單調，一個想法的措詞遠比把寫作本身當成目的，顯得更加微妙和靈活。雖然這些音樂當然不會很出色，但對同樣的學生而言，這些方式帶著一種新鮮感和魅力，遠超過他們只是寫音樂。

二年級的一家鞋店為學生提供了幾天學習的基礎。兒童成立了一家商店，挑選一些兒童去扮演鞋店、製鞋商和買鞋的人家。然後，他們表演了一位母親和孩子去商店買鞋子的故事。算術和英語課程，都是以商店為基礎，課堂上寫了關於鞋店的故事，同班同學演唱並演出了一首「十的組合」的小調詩。這些兒童在解決超越二年級能力的心算問題，他們幾乎立即增加了像74和57的數字，如果沒有那麼多戲劇性的工作，他們可能不會學習得那麼快速。戲劇使得抽象問題看起來很真實，在解決鮑德溫夫人的鞋子問題時，他們認為數字具有一定的意義和目的，所以當他們面對純數字問題時，他們不會以疑慮和不確定性來對待它。

五年級中的一個班級安排了一個郵局情境。他們製作了錢和郵票，並帶了一堆錢到學校，然後他們表演郵局的故事。兩個男孩擔任郵差的角色，秤重包裹、查找郵資，並找零錢給客戶。乘法表不再是口頭背誦的表格，而是必要的工具，是活動成功所需的系統和順序，這令兒童印象深刻。

弗朗西斯帕克（Francis Parker）學校是眾多利用學生的戲劇性興趣，作為輔助歷史教學的學校之一。四年級學生學習希臘歷史的時候，同時製作希臘式房屋，撰寫有關希臘神話的詩歌。兒童製作希臘式服飾，並且每天穿著這些服飾上課。引用教授這個年級的霍爾小姐的話：「他們扮演雕塑家，製作他們最喜歡的神像和陶土小雕像說故事。他們用沙盤模擬邁錫尼城[8]，毀掉它，埋沒它，並且扮演使那些寶藏再次曝光的掘墓人。他們向狄奧尼修斯寫祈禱文，和寫出他們認為奧菲斯可能唱過的故事。他們玩希臘遊戲，並穿著希臘服裝，並不斷演出讓他們自己滿意的故事或事件。今天，他們作為特洛伊的英雄，在休息時間用木劍和木桶蓋作戰。在上課時間，在祈禱文和舞蹈以及當時的歌曲中，他們舉辦了一場酒神節（Dionysiac）。又有一次，他們分成一半是雅典人，還有一半是斯巴達人，在一場口水戰中決定自己比較喜歡哪個城市。或者他們是雅典的自由人，對高傲的波斯信息作出回應。」

除了這些日常的戲劇之外，他們還為整個學校編寫了一些小小的戲本，演出一些特別吸引他們的歷史事件。以這種方式教小孩子歷史，會讓孩子習得歷史事件的意義和情感性的內容；他們會欣賞希臘精神以及成為偉大人物的事件，這些事件成為他們生活的一部分，轉化為個人經驗而被保留下來，而不是用背誦課文的方式記下來。

弗朗西斯帕克學校在晨練中，充分利用戲劇的社會價值，單從書中學習是一種孤立和非社會性的表現；學生可能學習在他面前的單詞，但他無法學習與其他人一起行動，控制和安排他的行為和思想，以便其他人也有平等的機會對共同的經驗表達自己。當全班通過行動表現出他們從書本中所學習到的東西時，所有成員都是其中的一部分，因此他們學會珍惜彼此，同時發展表達，以及戲劇和情感意象的力量。當他們在整個學校中演出時，他們會獲得個別工作的價值，並有助於整個學校的團結與合作精神的增長。無論是來自一年級還是來自高中的高年級，所有的孩子都會對其他年級所發生的事情感興趣，並且學會欣賞簡單而真誠的努力。在他們努力關注整個學校的過程中，演員學會了簡單而直接，並透過看到其對他人的價值，獲得了對他們工作的新的尊重。每個年級的早操中，都會提供不同學科的作品摘要，有些可能會引起其他孩子的興趣。這種戲劇性的元素有時很小，如遊記、算術新奇的過程或某些地理主題；但孩子總是得要思考清楚，說得好，否則聽眾無法理解他們的表演，而且得盡可能地包含地圖或圖表，以及各種說明性材料。其他的練習，例如四年級寫的希臘劇，或者演出西塞羅對卡蒂萊的劇本，則純粹是戲劇的興趣。

8 邁錫尼城：Mycenae，伯羅奔尼撒半島的邁錫尼城，在西元前 1600 年～前 1100 年左右，古希臘青銅時代的最後一個階段，創造了所謂的邁錫尼文明，包括荷馬史詩在內、大多數的古希臘文學和神話歷史。

透過畢業班或某些具體目的來創作戲劇，當然是一個引起學生興趣或為學校廣告的好方法。但最近學校為了兒童本身，也為公眾的利益，則以戲劇和節日作為教育上的價值。無論劇本的性質是怎樣，對觀眾演講、有效地使用身體，以及為了共同目的和與其他學生一起工作，對學生都是寶貴的訓練，而學校也通常試圖讓這些戲劇作品具有文學價值。在這之前，學生這類戲劇性目的日常工作資源一直是被低估的。為了公眾娛樂的目的，課餘時間增加了戲劇，而學校開始運用年輕人對「表演」的天生慾望來擴展課程。

在很多學校裡，戲劇的人物都是為了公開演出而精心策劃的，戲劇學科從英語和歷史中抽出來，而寫劇本則提供了另一類英語課程。排練代替表達和說話的課程，並涉及自我控制；舞台設置和服飾則是在商店和藝術課程製作，由學生完成規劃和管理，老師的協助在於防止失誤和灰心喪氣。

在河堤學校，其中一個班級在他們的文學作品中，讀過托爾斯泰的「有上帝的地方就有愛」（*Where Love Is There Is God*）。他們把故事改寫成劇本，在英語課中排練，全班充當教練和評論家。隨著他們對這個故事興趣的增長，他們製作了戲服並安排了舞台佈景，最後把這個戲劇表演給學校和觀眾。另外一次英語課中，他們在戶外演出了他們根據奧德賽編寫的劇本。

斯派爾學校（Speyer School）的美國歷史，讓學生寫了一篇關於拓荒史上的一些事件文章。無論性別或其他的條件如何，在排練期間，幾乎所有的孩子都會嘗試每個角色，整個班級一起決定最後演員的名單。五年級正在研究歐文的「素描本」（*Sketch Book*）與其相關的歷史和文學作品，並將瑞普范溫克爾（Rip Van Winkle）的故事改編為戲劇，自行指導和設計服裝。

位於外籍社區的芝加哥公立學校之一的霍蘭學校（Holland School），過去的一年中舉辦了一場大型節慶活動。校長編寫並安排了一場露天表演，講述哥倫布的故事，整個學校都參加了演出。這個故事簡單介紹了哥倫布的生活，關於一些拓荒者史上最引人注目的事件，增加了一些舞台造型，來描述美國是一個民主國家的概念。學生製作了大部分自己所需的服裝，並結合了他們在體育課一年中學到的所有舞蹈。因此，整個展覽對我們的歷史和國家精神提供了一幅非常好的畫面，同時提供了整個年度學習一個有趣的總結。這作為整合外籍社區的影響力是相當可貴的，因為除了向孩子傳授他們新國家歷史的一些東西外，它還給了扮演觀眾的父母們一個機會，看看學校可以為他們的孩子和鄰里做些什麼。這類活動的愛國情操大於旗幟式的敬禮或愛國詩歌，因為孩子明白他們的熱情所在，當他們看到眼前的東西自然會引發愛國情操。

紀念假期或季節的活動比傳統式的娛樂活動更有意義和價值，在這種娛樂活動中，每位學生都會背誦詩歌，而成年人則發表演講，向社會展現他們在學校中的學習。因為父母知道自己的孩子參與了創作的過程，社區對這類活動就更感興趣；孩子們也會更感興趣，因為他們以小組的方式從事吸引他們的活動，而且得為這些活動負責。現在許多學校的畢業活動，都運用戲劇作為整年學習活動的回顧。每個年級都可以參加，呈現他們在英語課程中寫作的作品，在體育課學習的民族舞蹈或花式舞蹈等等。

許多學校都舉行感恩節活動，不同的年級展現出了在普利茅斯第一次感恩節的場景，或在不同國家的豐收節慶上呈現戲劇的照片。以同樣類似的方式，聖誕節娛樂活動，通常由不同年級的兒童或整個年級的兒童，在英語和音樂課上學習的歌曲、詩歌和閱讀的作品組合而成。在這個方案中可以安排的戲劇、節慶和露天表演的可能性是無止境的，因為總能在裡面找到一些學科主題，可以讓孩子在閱讀、拼寫、歷史、文學，甚至某些階段的地理學方面獲得訓練，學生在這些方面所獲得的訓練，和他們能夠從例行教科書中葛雷硬[9]乾燥的事實中所能獲得的是一樣。

9 譯註：葛雷硬：Gradgrind，是狄更斯《艱難時代》（*Hard Times*）小說中的人物，一位退休的五金批發商人、國會議員兼教育家，注重實利，以功利主義為生活原則，教育子女強調實事求是，不准孩子閱讀詩歌和故事。譯者以「葛雷硬」為中文，是要點出杜威向來強調詩歌、戲劇、遊戲等教育上的重要性，因為只講求事實缺乏想像力容易導致思想狹隘、感情遲鈍的硬邦邦的學生。

第六章　自由與個體性
Freedom and individuality

無疑的，本書讀者感到震驚的是，在所有描述的學習中，學生被允許的自由度比一般認為教室所必要的紀律來得大。對絕大多數教師和家長而言，「學校」這個詞與「安靜」的「紀律」是同義的，一排排的兒童安安靜靜地坐在課桌前聽老師講話，而且只有當老師對他們說話時，他們才能講話。因此，缺乏這些基本特徵的學校必然不會是好的學校；學校如果都讓學生按照自己的意願去做，不管學生喜歡的是什麼，儘管這些可能對自己有害或對同班同學和老師不滿意，這樣的學校將是一個無法讓學生學到任何東西的學校。

每個孩子都必須習得累積一些事實的知識，否則長大會變成文盲。這些事實主要與成年人的生活有關，因此學生對它們不感興趣並不足以為奇，儘管學校有責任確定學生是否已經懂了這些事實。這些事實的習得是如何做到的呢？很顯然，讓孩子排成一行一行，把他們分得遠遠的，這樣他們就不會輕易相互交談，僱用最有效率的人來教導這些事實，告訴學生這些事實，讓他重複一遍，以便他可以合理地期望記住這些事實，至少在他被「升級」之前。

再者，孩子應該被教導服從，而達成這樣的成就最有效率的方式是用告知，正如要求孩子做不喜歡和無趣的任務，是一種品格的養成一樣。學生被教導「尊重」他的老師和一般性的學習；如果他沒有安靜地接受這兩種尊重，他怎麼能被教導呢？但如果他不接受，他至少應該保持安靜，以便老師可以教他。根據權威人士提出對「紀律」的說法，一旦限制解除，學生就會無法無天，具破壞性、粗魯和嘈雜的事實證明，這是對付孩子的唯一方式，因為沒有了這樣的限制，孩子就會一整天都表現出像他在限制剛被移除時的那不確定的幾分鐘一樣的行為。

如果對於紀律的說法聽來過於苛刻和未經修飾，請考慮一下在訪客結束奇怪學校（queer schools）的訪問後，想想並考慮，他們是否不會迫使那些沒有偏見的觀察者得出這樣的結論，他們對學校和學校教育的想法就是如此苛刻和毫無修飾。關於學校自由與權威紀律的討論，完全歸結為對受教育的概念問題，我們是否相信，在嚴格的紀律條件下，教育是將一個小野蠻人改變為一個小大人的過程，所以得教導所有的孩子許多美德和事實，以便盡可能地讓他們接近成人的標準？還是我們可以相信，和盧梭一樣的想法，教育是彌補孩子出生和他所需成為的成人之間落差的過程，「童年有自己的看法、思考和感覺的方式」，而訓練這些成為一個人所需要的過程的最好方式，是讓孩子在他周圍的世界上試煉他自己？

「權威紀律」這個詞彙是特意使用，因為紀律和自由不是矛盾的想法。縱使盧梭的自由是一個繁重的任務，以下他的引文非常清楚地表明，自由經常被認為僅僅意味著無法無天和特權：「不要給他（學生）任何指令，絕對不要，甚至不要讓他認為你聲稱對他有權威，這樣他只知道他很軟弱，而你很強壯，他的狀態和你的狀態都在你的憐憫中；讓他感知，學習和感受，讓他早日在自己驕傲的脖子上找到自然賦予我們的沉重枷鎖，即必須的重軛。在這重軛下，對每一個有限的存在都必須鞠躬，讓他在事物中找到必要性，而不是在人的心靈上。讓限制成為狀態的力量，而不是權力。」

當然，沒有紀律可以更嚴厲，也更容易發展性格和合理性，更不容易發展無序和懶惰。事實上，反對學校自由的真正原因似乎是來自誤解，評論家將物質自由與道德，和智能自由混為一談。因為學生走動或坐在地板上，或者因為他們正在使用他們的手和舌頭，或者他們的椅子散亂而不是整齊的排成直線，訪客就會認為他們的思想也必然放鬆了，他們的思想和道德不會比他們的身體更為克制，所以他們一定是愚蠢的。長期以來，在學校學習與溫順或被動的思想聯繫在一起，因為有用的器官不會在其操作歷程中產生蠕動或說話，觀察者會認為沒有一個孩子應該這樣做，否則會干擾學習。

假設教育改革者認為教育的功能，是幫助一個無助的年輕動物成長為一個快樂、道德和高效率的人類是正確的，那麼一個一貫性的教育計劃，必須有足夠的自由來促進這種成長。孩子的身體必須有足夠的空間來移動和伸展自己，鍛鍊肌肉，並在疲勞時休息。每個人都同意，襁褓的衣服對寶寶來說是一件壞事，會痙攣和干擾身體機能。豎直椅背桌子的「襁褓衣服」，頭向前，雙手交疊，對小學生來說，就像是痙攣，會讓他們更加神經緊張。毫無疑問，一旦小學生得用這種方式持續坐幾個小時之後，就會發出無數嘈雜的聲音，一旦這個限制的影響移除，就會開啟愚蠢的玩笑。由於他們無法有正常的途徑消耗身體能量，這些能量會被儲存起來，當機會來臨時，那些由於在壓制下未經訓練的身體行為被刺激了，就會更加急躁地發作起來。讓孩子在需要的時候自由地走動和伸展，並有機會在一天中進行真正的運動，以至於當只有他自己的時候，他不會過度緊張地煩躁或無目的的喧鬧。在這樣的訓練下，在不受約束監督的情況下，他可以繼續學習工作，並且考量到他人。

只要把孩子放在班級中來對待，真正的科學性教育就永遠無法發展。每個孩子都有很強的個體性，任何科學都必須評估其資料中的所有事實。每個學生都必須有機會展示他的真實性，以便教師能夠找到促使他成為一個完整的人所需要的東西。只有當老師熟悉他的每一個學生時，他才能有希望了解童年，只有當他明白時，他才有希望發展任何符合科學或藝術標準的教育計劃。如果教育者不知道他們學生個別個體的事實，就永遠不會知道他們自己的假設是否有價值。但是，如果他們將自己強加於資料（學生）到某種程度，以致每一部分看起來都像其他部分一樣的運作，他們如何真實明瞭自己的資料？如果學生都得排成一直線，而且用期待他們以一致的方式回應的態度，提供給他們訊息，就無法真實地發現任何和他們有關的事實。但是，如果每個學生都有機會表達自己，展示他的特殊素質，那麼老師將會有資料來設計自己的教學計劃。

由於學生生活在一個社會性的世界裡，即使最簡單的行為或言語，都與他的鄰居言行有關係，這種自由也不會冒著犧牲別人利益的風險。自由並不意味著消除自然和人對社區中每個人的生活所施加的制衡，以致作為社會中一員的每個人，可能放縱衝動，而違背自己的福利。但是，對於學生來說，自由是一種可以檢驗所有世界的人事物的衝動和傾向的機會，藉由這些檢驗，他會發現他自己，充分地發現這些人事物的特質，以便他可以擺脫那些有害的東西，並發展那些對他自己和他人都有用的東西。如果在教養兒童時，把他們的衝動視為如一般成人平均衝動程度那樣看待（甚至成人的軟弱和失敗更讓人覺得痛惜），那麼，我們就一定會再度建構出這樣水平的社會，反而無從得知未來社會是否可以更好，以及如何可以更好。發現孩子真正樣貌的教育，也許可以透過這種知識來形塑自己，以便保持最好的部分，並消除不佳的部分。僅僅透過外在去壓制不好的部分，同樣的也會阻止了更好部分的展現，這樣的損失是非常大。

如果教育在它能根據事實來形塑自己之前就要求自由，那麼如何利用這種自由為孩子謀福利呢？讓孩子自由地發現自己能做什麼，不能做什麼，既要以生理上可能的方式，也要體現他的鄰居將代表什麼的方式，他將不會浪費時間做不可能的事情，而是會將自己的精力投入到可能性中。兒童的身體能量和心智上的好奇心，可以轉化為積極的管道，老師會發現，學生的自發性、活潑性和主動性有助於教學，而不是在強制性制度的壓制下，需要被控制的干擾。這些現在認為是干擾的東西，正將成為教師積極培養的素質。

除了要對人有用的品質和培養獨立，以及勤奮的習慣外，如果學生真的要透過實作來學習，那麼讓孩子享有這種自由是必要的。如果學生只是被教導按著步驟一步一步地完成所規定的事，一般的活動通常都只是膚淺表面的肌肉訓練。當學生的自然好奇心和對行動的熱愛運用於有用的問題，去發現如何根據自己的需要調整自己的環境時，老師會發現孩子的學習不僅僅是從事他們的課堂學習，他們也在學習如何控制和使用這些在普通教室中令人不安的能量。

除非學生有一些能透過感覺和肌肉來鍛鍊他心智的真實工作，老師將無法廢除一般紀律的方法。因為在一個教室裡，老師得做所有的工作，而學生則僅於聆聽和回答問題，讓孩子把自己放在他喜歡的地方、走動或談話都是荒謬的。如果教師的角色轉變為幫助者和觀察者的角色，那麼每個孩子的發展就是目標，這樣的自由，對於孩子來說簡直就是學習的必備條件，他們就會像僅僅只是背誦一樣的安靜。

目前，在強調兒童學習中需要自由，而且自由對兒童的學習是必須的學校，是義大利的瑪麗亞蒙特梭利夫人的學校和這個國家的學生。蒙特梭利女士和義大利這個國家的許多教育者認為，如果老師要知道每個學生的需求和能力，如果在學校中接受良好的教育以獲得心智、性格和體格上最佳的發展，那麼在課堂上給予自由則是必要。一般而言，她堅持這種自由的理由，是她的方法的基礎，與上述概念一致。只有一個例外，她認為如果要創造科學性的教育，自由對兒童是必要的，因為沒有自由，有原則基礎的資料就無法收集，而且為了學生的身體健康和他們品格的最佳發展，來培養他們的獨立性，自由是必要的。義大利教育家和這個國家的大多數改革派之間的差異，在於他們對教材使用方面的自由價值的看法，這一點將在稍後討論。

蒙特梭利女士認為，在上學期間，在生理上壓抑學生，並教導他們被動和馴服的習慣，是對學校教育功能的錯誤認知，並且會對孩子造成真正的傷害。科學性教育不僅需要孩子能自由收集數據資料，而且自由就是它的本質；「自由就是活動」，蒙特梭利女士在她的《蒙特梭利方法》書中如此強調。活動是生活的基礎，因此培養孩子的行動和行為，就是培養他們的生活，這是教室中最適合的任務。自由的目標是整個團體的最大利益，這成為了允許孩子們自由的終極目標。

所有對它無貢獻的東西都必須予以壓制，而最為關注的，是培育讓每一項行動都有一個有用的範疇。為了讓學生擁有最大可能的範疇可以從事有益的活動，在課堂上他們得獲取很大的自由空間，他們可到處走動，彼此交談，將他們的桌子和椅子放在自己想要的位置；而更重要的是，每位學生都可選擇他想做的事情，並且可以做他想做的事情，不管時間多短。她說：「一個教室裡，所有的孩子都能夠有用地、聰明地、自願地走動，而不會犯任何粗暴或粗魯的行為，對我而言，這個教室就確實很嚴格地遵守著紀律了。」簡單而言，「紀律」就是獨立完成事情的能力，而不是委屈在限制下。

為了實現這種積極的紀律，它允許任何自由範疇以利有益的學習，並且同時不扼殺學生的自發衝動，廢除一般紀律的方法，開發一種強調紀律的積極性而非消極性的技巧。蒙特梭利如此描述：「關於懲罰，我們多次接觸到擾亂其他人的孩子，並且完全沒有留意到我們的糾正，這些孩子立即由醫生檢查。如果檢查結果這是一位正常的孩子，我們會把一張小桌子放在教室的一個角落裡，隔離這個學生，讓他坐在一張舒適的小搖椅上，看他的同伴工作，並且給他同伴那些他最喜歡的遊戲和玩具，這種隔離總是能成功地讓學生穩定下來。從他的位置上，他可以看到他全部的同學，同學的繼續學習和工作，對他的教訓，比任何教師所能說的話都更有效果。他一點一點地認識到，作為整個班級的一員能夠忙碌工作是一種優勢，他真的希望回去像其他同學一樣做事情。」教師第一次的糾正從來不是責罵，而是悄悄地告訴他，他正在做的事情是不禮貌，或者干擾了其他同學；然後告訴他，應該如何表現才會是一個愉快的同伴，或者將他的注意力轉向另一項工作。因為學生正在做自己選擇的事情，並且正是他們想要的，加上因為可以移動和說話，孩子不至於緊張而感疲倦，所以幾乎不需要任何「懲罰」。除了上述剛剛引用蒙特梭利說的無法無天的隔離案例，學校的拜訪者觀察到這個學校很少需要負面紀律，教師的糾正實際上都是為了小禮貌或粗心大意。

自由的活動是蒙特梭利學校的指導原則，每位孩子都會投入在兩種材料的活動上。蒙特梭利認為，孩子需要日常生活活動的練習。例如，他應該被教導如何照顧自己和等待，部分的學習就是相應的針對這一目的。她還認為，孩子應該能將擁有的先天能力發展到最大的程度的機會，因此部分學習內容的目的，是設計來讓這些能力有適度發展的空間。這些對孩子內在潛力培養的活動，有兩個更重要的部分，孩子需要知道如何適應自己的環境，以利獨立和快樂，兒童能力上未臻完善的發展，是生活本身未臻完善的發展。所以教育的真正目的，在於為孩子的正常生活提供積極的幫助。蒙特梭利夫人認為，這兩種發展彼此截然不同，實際生活的活動不能用來作為訓練孩子的能力和意識活動的功能。

實際生活的練習主要在教導孩子獨立，供給自己所需，並以技巧優雅執行日常生活中的行為。兒童保持教室的秩序，打掃和安排桌椅，當他們完成一件事情就儘快將每件材料放回原處。當他們工作時，找出他們想要的東西，或找到一個方便工作的地方，都會自己等待，只要他們願意，可以盡可能使用一切設備，而且負責照顧這些設備。不住宿的學校裡，會供應午餐給學生，除了做飯，孩子做所有與用餐有關的工作，擺餐具、上菜，然後清理和洗碗盤。無論年齡多大，所有的學生在這項工作中都相似，三、四歲的孩子很快就會學習如何處理盤子和玻璃，並且遞送食物。只要有可能，學校都有兒童可以照看的花園，以及可食用的動物寵物——母雞和雞或鴿子。即使是最小的孩子也會自己穿上外套，扣緊並解開圍裙和拖鞋的扣子；當他們無法自己做到時，他們會互相幫助。讓孩子儘早學會照顧自己的日常所需是非常堅定的，為了幫助年齡最小的孩子學習這一課，蒙特梭利設計了幾種教具，讓他們在等待輪到自己之前先進行練習。這些教具是一些木製框架，架子裝上從中間可以打開的布[10]，然後用鈕扣、鉤子和針孔或絲帶將布邊連接起來，並根據實際情況，透過鈕扣、掛鉤或打

10 這裡指的是蒙特梭利的教具：利用舊衣服的拉鍊、扣子，以拉鍊、扣子為中心，剪下和木框（約30x40 公分）同樣大小的正方形，再用圖釘或衣飾針固定在木框內，讓孩子來練習。

結，來練習打開和扣緊這些布邊。

這些教具可被視為蒙特梭利學校的兩種練習[11]之間的橋樑，它們象徵著從大多數教育改革者普遍採用的原則，轉變為蒙特梭利夫人成功使用的方法的變遷。她第一本書中的引文給了理解這種方法的提示：「在一個實驗性的教學方法中，感官的教育無疑是最重要的……我使用的方法是進行教學實驗帶著教導性的目標，等待孩子的自發反應……對於小孩，我們必須著手做實驗，並且必須選擇他們感興趣的教學材料……我相信，無論如何，我已經選擇了代表實踐意義教育所需最低限度的目標。」

蒙特梭利夫人一開始是在賽根（Seguin）[12]工作的醫院中，擔任障礙兒童的教師。當她開始與正常的孩子一起工作時，她自然地就嘗試了之前與低於正常的學生一起使用的材料。同樣自然的是，許多證明，對前者有用的教材也可用於普通小學生。一般學校使用的教學方法用在障礙兒童也可獲得成功，只是使用速度要更慢，需要更多的耐心；同樣的方式，蒙特梭利夫人發現，以前只用於障礙兒童的許多教具給普通兒童使用時，把速度加快和給予較多的自由時，也產生了非常成功的結果。因此，她的「教材」包括通常用於障礙兒童中，培養感官意識的許多教材。但是，這些教材不是按照固定的順序，或在老師的指導下使用，而是讓正常的孩子以完全自由的方式使用，因為目標不再是喚醒幾乎缺乏的能力，而是讓兒童在日常行為中不斷使用他的能力，這樣他就可以擁有更加精準和更加熟練的控制權。

培養孩子感官能力的活動，特別安排訓練辨別和比較的能力。他的感覺器官幾乎都是用設計好的教具來操作，比如鈕扣架，可以讓孩子專心在一個目的上做一件事。學生不必以任何固定的順序使用這些教具，也不必在一件事情上長時間工作。除了最小的孩子只做最簡單的練習外，學生可以自由地隨意選擇任何他們想要的，而且只要願意，他們可以一直持續地做。蒙特梭利相信，孩子會自然而然地接受他準備好的鍛鍊。

開發觸覺感覺的材料是最簡單的，有從最粗糙到最平滑的砂紙條的小板子，以及不同種類的布料，這些孩子矇著雙眼，同時用雙手摩擦這些東西來辨別差異。教導孩子辨別形狀和尺寸差異的教具，使用觸覺作為視力的強有力的輔助方法。有不同直徑和深度的小洞孔的木塊，以及適合每個洞孔的圓柱體；孩子把所有的圓柱體都拿出來，用手指繞著這些圓柱體的邊緣，然後也用手指頭圍繞洞孔的邊緣，把這些圓柱體放進適當的洞孔中。判斷尺寸的能力，則是透過給孩子一套漸層的木頭積木來訓練，

11 這裡的兩種練習，指的是實際生活功能的練習，和孩子能力與感官訓練的練習。蒙特梭利夫人認為這兩個發展方向的練習截然不同，實際生活的練習不具有能力與感官訓練的功能。

12 賽根（Seguin）：十九世紀法國醫生，研究聾啞和神經系統受損的兒童，對蒙特梭利的教育理念影響深遠。

他可以用它來建造一座塔樓，另一套可以用來製作樓梯。各種形狀的木質插圖，插入薄板中的孔中，可以用來訓練孩子辨別形狀的能力。孩子拿出插圖，感覺它們，然後再把它們放回去。之後，老師告訴他，觸摸時每個形狀的幾何名稱，然後讓他用名稱來區辨這些形狀。

教室中有一組紙板形狀與木頭的形狀相對應，金屬板子的中間用這些形狀鏤空鑲嵌，用來玩以不同材料配對相同形狀的遊戲。同時也可以在紙上畫出這些形狀的輪廓，然後用彩色鉛筆塗顏色。閱讀和寫作的教學，則用觸覺來強化孩子透過眼睛和耳朵所獲得的學習。每位孩子都有砂紙字母黏貼在上面的正方形紙板，他用手指觸摸這些字母，彷彿他正在寫字。在他摩擦這些字母的時候，同時發出這些字母的發音。只有在孩子透過觸摸熟悉這些字母後，才可以使用可移動的字母，孩子可以用這些字母拼出單字。當孩子用這種方式學習時，寫作能力通常會在閱讀之前就養成，當他們拿著鉛筆或粉筆時，幾乎沒有什麼困難就能夠描出這些字母，因為他們的肌肉和眼睛都非常熟悉這些形狀了。

聽覺的訓練，是透過兩組鈴聲來練習，一種是固定的，另一種是變動的，以便孩子可以透過與固定音階的比較，來製作自己的音階。孩子們盡可能安靜地玩很多遊戲，從老師那裡獲得簡單、低聲的指示，還有一系列充滿沙子、礫石和穀物的搖鈴，遊戲是猜測哪個搖鈴正在搖。

色彩的感覺也以相同的方式透過專門設計的教具來發展，根據兒童的年齡和技巧，這些小板子用各種顏色和色調的彩色絲綢，以許多不同的方式纏繞而成。最年長的兒童學會區分兩種或三種顏色，並分辨淺色調到深色調。熟悉這些顏色的年長兒童掌握了操作技巧，足以看一眼一個小板子，然後到教室的另一邊，根據老師的要求，找出剛剛看到的顏色進行精確配對，或者找出下一個更亮或更暗的顏色。

訓練肌肉發育的方法，則是讓孩子在上學時間有足夠的時間跑步和玩耍，以及透過輕鬆的體操設備鍛鍊。而更細微的肌肉協調鍛鍊，則是在孩子操作體操設備時，同時進行感覺訓練。

說話能力是透過讓孩子練習單詞和音節的發音來訓練，數字的基本概念和閱讀和寫作也一樣的方式。除了砂紙和普通紙板之外，還有一系列長度從1公尺到10公尺不等的木板，孩子用來學習10以內的數字組合。

以上對教材的描述非常簡短而且一般，省略了教具的許多用途以及一些較少使用的材料，但是它可用來說明兒童所做工作的性質和目的。學生在處理那些對他們特別有吸引力的材料方面掌握了顯著的技巧，四、五歲的孩子不用太費力就都學會了寫作。事實上，蒙特梭利女士認為，一般的孩子已經可以學習很多得等到他六歲才能學習的東西，而他們可以在更早的時候學得，而且在這時候他們可以更容易學到。一個像蒙特梭利這樣的系統，可以讓孩子在做好準備的時候展現出一套行為，這為孩子日後節省了大量的時間，而且還比日後學習有更完善的結果。

每件教材的主要目的，都在透過執行一組固定動作，來訓練單一特定感覺。因此，如果自由和做自己喜歡做的事混淆的話，那麼這種方法就顯得非常嚴格。我們在兒童使用教具教材上可以發現自由，在課堂上允許學生的自由度已經在前面描述過了，教師的角色與這種自由度相對應，教師受過訓練不要干涉孩子的任何自發活動，也不要在不自然的情況下強迫孩子集中注意力。當一個孩子自己轉向某個教具時，教師可以向他示範正確的使用方法；或者，在極少數情況下，如果他傾向於過度專注於一件事情，他可能會試圖將孩子的注意力轉向不同類型的工作；但如果他失敗了，他也從不堅持。事實上，老師沒有做任何事情，來提醒孩子對他的弱點和失敗的注意，或者喚起他腦海中的任何負面連結。

蒙特梭利夫人說：「如果他（孩子）犯了一個錯誤，老師一定不要糾正他，但是必須暫停他的課程，改天再重新來過。事實上，為什麼要糾正他？如果孩子沒有成功地連結物品的名稱，成功的唯一方法是重複感官刺激的行為和名稱，換句話說，重複這個課程。但是當孩子失敗時，我們應該知道，在那個我們希望在他身上喚起的生理上的連結時刻，他尚未準備好，因此，我們必須選擇另一個適當的時機。如果糾正孩子時，我們說『不，你犯了一個錯誤』，所有的這些話都是責備的形式，會比其他任何的方式對他打擊更大，這個打擊會留在孩子的腦海裡，阻礙了名稱的學習。相反的，在錯誤之後的沉默會帶給意識更清晰明瞭，下一個課程就可能成功地隨著第一次而來。」

教師簡單性和被動性的角色因教材的性質而增加，一旦孩子被教與該教具有關的術語，教師就不再教了。就學生而言，他只是一個觀察者，直到他準備轉移到另一個教具，這個可能是為什麼蒙特梭利稱她的教材有「自我修正」的本質；也就是說，每件事物的安排都是為了讓孩子可以做到，而且只有完整完成它才行，所以如果他犯了錯誤，教具就無法使用。因此，如果一個孩子在任何一件事情犯了錯，都不需要告訴他該如何糾正錯誤，因為他面臨著一個顯而易見的問題，這是得透過他自己處理這件教具來解決。孩子在教育自己，他看到自己的錯誤並糾正這個錯誤，而且完成的結果是完美的，只有部分的成功或失敗是不可能的。

拿最簡單的材料，圓柱體組合而成的木頭積木為例。有十個圓柱體，每個圓柱體的長度和下一個圓柱體的長度大約相差四分之一英寸。小孩將所有圓柱體從適當的孔中取出，並混在一起，然後再把它們放回正確的地方。如果他將一個圓柱體放在一個太深的孔中，它就會消失；如果洞太淺，它會凸出來；如果每個木頭圓柱體都放在適當的洞中，這孩子就又有一塊完整的木頭積木了。所有的幾何鑲嵌都是以完全相同的方式自我校正的，縱使最小的孩子都會知道他是否成功地使用了鈕扣和花邊框架。積木不會堆積成一個塔樓，除非兒童將它們一個一個從大到小地重疊在一起；而積木的排放堆疊方式要按照樓梯的原則，不然積木無法堆成一個樓梯。在使用彩色木板時，孩子需要更多的準備；但是當他已經學會區分八種顏色中的各種不同顏色時，他已經準備好把它們從暗的到亮的混合在一起，如果他排錯了木片的位置順序，他會看到一個像是不和諧的污點。一旦學生有了一種顏色的概念，他就可以自己解決其他七個顏色的問題。

由於孩子絕不允許僅僅玩一個教具，他的心智與正確執行的動作連結，所以對他而言，他的失誤看來是未完成的，是一種需要再次嘗試的呼喚。蒙特梭利讓她的教材可以自我修正的教育目的，是在引導孩子專注於他正在使用的教具部件間的差異；也就是說，在嘗試特定的結果時，他必須對二種顏色、二種聲音、二個向度等進行比較和區分，智能的訓練價值就在這些比較中。孩子在使用任何一種教具時，所運用的特殊能力或感覺，透過集中注意事物之間的關係而變得敏銳起來。智能特質的感覺發展，來自感官的這種比較和區分能力的增長，而不是藉由教孩子認識尺寸、聲音、顏色來發展；也不是簡單地僅透過某些毫無錯誤的動作來發展。蒙特梭利認為智能的結果，將她的工作和一般幼兒園的教具區分開來。

正如我們上面所說的，蒙特梭利的方法與美國改革家觀點之間的區別，並不在於對自由價值的意見分歧，而在於對自由的最佳運用有著不同觀點。表面上，在蒙特梭利班上的學生比在大多數美國教育工作者的課堂更自由，這些教師的觀點是本書所要談論的對象，但是在智能上，他們並不是那麼自由。他們可以來來去去，工作和無所事事，自由地談話和行動，目的在確保他們能夠獲取關於事物的資訊，並獲得運動的技巧。每個學生都可獨立運用自我修正的教材，但是，孩子沒有創造的自由。他可以自由地選擇要使用哪種教具，但絕不能選擇自己的目標，絕不會改變教材來用於他自己的計劃，因為教材僅限於必須以某種特定方式處理的固定數量的東西。

大多數美國教育工作者都認為，培養學生適應正確的思維和判斷的習慣，最好的方式是透過真正的問題，他們認為現實的衡量標準是與校外生活經驗聯繫。孩子必須學習的重要東西是雙重的，從對世界的調適中，發現他們自己與人和事物之間的關係。調適，不僅意味著控制自己身體的能力，還意味著智能上的調整，能夠看到事物之間的關係，看到表面背後和感知這些東西的意義不限於個人，同時也是屬社區社群共有。「給學生他們在學校之外得面對處理的真正狀況的工作，」美國學校的教師說，「是確保孩子學習這種雙重調整的最好方法。」

在課堂之外，孩子得不斷為了自己的需要，而改變東西來滿足他自己的需要，以及滿足別人對他的要求，因為他和其他人一起生活著。如果他要為自己和他人成功達成這一點，重要的是，他得要學會如何看待事物本身，他得能夠準確地運用自己的感官去理解這些事物和人們，對他和他作為社會一員的意義。因此，在學校中面對和解決這些問題的自由是非常需要的，就像在學校外一樣。而在另一方面，蒙特梭利夫人則認為，透過非一般生活的情境對生活技術的習得是最佳的方式，這些非一般生活的情境的安排，主要在鍛鍊某些特殊的感覺，以發展區分與比較的能力。

解決這些意見上的分歧，就在於接受對人類智能本質的不同觀點。蒙特梭利與傳統心理學家一樣，認為人擁有天生的能力可以訓練和發展為普遍性的運用，無論他們的行為本身是否具有訓練以外的意義。孩子出生時具有尚未發展的能力，可以透過適當的應用而茁壯，然後隨意投入其他用途。這個國家的大多數教育工作者，都贊同較新的心理學理論，認為技能不能獨立於達成某些特定結果所使用的工具和目標。兒童在區分長度和顏色等抽象特質的練習，無論是什麼樣的特質，都可以讓孩子在進行特殊練習時有很高的技巧。但這些特殊的練習，不一定會幫助他能夠成功轉移到處理生活情境中的這類特質，訓練比較和區辨的能力，可以大到足以轉移到任何用途的可能性則更少了。一個孩子不是天生就有特定能力可以被發展，而是具有特殊的行動趨力，這些行動趨力可以透過他們用來保持和完善社會性的或物質條件的生活中發展起來。

基於上述，如果美國進步主義學校的孩子通常沒有那麼多的自由行動，和選擇工作時間的自由，那麼對這種情況的解釋，就不是因為這些學校對自由價值的信念較低，重點在於提供學生在典型生活的情境下，使用和測試感官、和判斷的更大自由。因為這些情境是社會性的，需要孩子們共同追求、共同努力；也因為他們是社會性的，他們允許並且經常需要老師的幫助，就像人在日常生活中獲得別人的幫助一樣。不用擔心別人的幫助會造成對兒童自由的侵犯，在兒童選擇教材和調整教材的過程中，限制他們使用自身的智能以形成目的和使用自主性、主動性和創造性時，所提供的這類幫助才會造成對自由的侵犯。

對練習材料的限制，是為了訓練一種單獨的感覺——一種從來不會在生活中出現的情況——對於美國的教師來說，這比在進行共同的活動時，需要與他人合作而產生的自由限制更大。不僅希望孩子在他們執行自己的目標時，學會不干涉他人，而且他還應該學習以明智的方式與他們合作。因此，材料的範圍不應侷限於訓練區分和單一感覺上的比較（不論這對因為年幼無法進行合作活動，且其主要工作在熟練掌握他們感官使用的幼兒而言，有多高的價值）[13]，而應有各樣足以提供在平時的生活情況中，使用比較和區分的典型問題；當學生為實際用途製作真實的東西，或了解校外生活的活動和材料時，某些孩子就需要以同樣的方式工作，而且對同一件事上需要有一定的連貫性。

但是，雖然這個國家的教育工作者與蒙特梭利的主張有所不同，她認為為了達到普遍性的應用，先天能力可以透過專門為訓練而特別設計的練習來發展，而不是透過為了實現要達成的結果來訓練，透過實現要達成的結果來訓練的歷程中，訓練本身則是次要的；這些教育工作者仍然肯定蒙特梭利確保教室內自由度的努力，這可以使教師認識到兒童真正的能力與興趣，以及確保科學性教育方法的資料。他們非常欣賞她的觀點，即人為的限制條件會妨礙教師真正了解他們正在處理的教材，以致於讓教學僅限於重複傳統過程。他們認為，她堅持與肌肉運動有關的觸覺，作為學習寫作和閱讀的一個要素，是對基礎教育技術的真正貢獻，她已經成為普及任何真正教育不可或缺的自由福音的一個最重要元素。

隨著對知識分子和道德自由的意義更廣泛的理解，以及紀律的負面和強制想法的瓦解，讓教師使用自己的觀察和實驗能力的主要障礙將會消失。需要個人觀察、反思和實驗活動的科學價值，將被添加到教師對兒童利益的同情興趣中。將學習與實作聯繫起來的教育，將取代傳授他人學習結果的被動教育。不論後者對適應封建社會是多麼有效，在封建的社會中，大部分的人都被期望不斷的順服，而且服從上級的權威，在此基礎上進行的教育，與主動和獨立是民主社會的原則是不一致，在民主社會中，每個公民都應該參加公共事務的處理。民主精神廣泛發展的最重要意義就在於，肯定目前對教育自由的理想最有影響力的聲音應該是來自義大利。

13 非常明顯的，許多實驗過這些教具的人都認為，這些教具對三歲和四歲幼兒的價值是最大的。

第七章　學校與社區的關係

The relation of the school to the community

工作，在本質上具有社會的特性，人們所從事的職業基本上都是來自人類的需求與目標。人們努力維持他們自己與事物的關係，以及自己與別人的關係，這就構成了我們生存的社會。即使是為了生存而從事的活動，也都恰恰好適配社會基模（social scheme），形塑了所有人類的本能活動與思維。這社會基模亦仰賴人類是否能夠成功地合作，而能建構出健康平衡、快樂繁榮的社會。沒有了這些本質上屬於社會生活的工作職業的話，那麼人類生活的文明進化就不可能向前發展。由於每人都需要學習調整自己，以能夠與其他人以及社群配合，因此這結果就是我們所需要的社會教育。

如果把教育的過程留給環境來決定，即使是必須，卻會導致偏頗與散亂。我們送孩子去上學，就是想讓他們以系統的方式學習如何組成生活的職業，然而大部分學校都忽視這項生活的社會基礎，轉而強調學科教學方法。與其關注於具體的工作以及事物中的人性這一塊，他們反而強調抽象事物，於是走向了學術性——完全沒有社會性在其中。學校中的課業學習不再與各行各業人們有關，反轉成孤立、自我、與個別化。這種人人為己的社會，一百年前已經不存在了。學校內部的課程完全忽視今日的科學民主社會，也無視於這個社會的需求與理想，硬是把孩子塞入生存的個人競爭中，為了這種個人的追求，被這麼一個微不足道的智能「文化」所軟化。

在美國，學校的發展始於拓荒年代，那時候少數來到美國的拓荒者散布在廣大土地上，掌握著等待開發的無限多機會。拓荒人抓住眼前機會，靠著自我能力，運用大自然的原始資源，獨自為了自我生存而活著，沒有人真正仰靠他與別人的關係；那時，人是那麼地少，而資源卻是無限地多，社群沒有組織，傳統或機制完全不存在。大家普遍相信這個國家的福利就是振作、開拓、獨立自主。

那時候，很自然地新學校應該要反映這樣的理想，型塑學校的工作目標，且把這理想影響學生家庭。早期的拓荒者來自於強調文化與「學習」的國家；於是很自然的，他們也覺得應該把學校經營成繼續保持這移植過來的理想，即使此刻在這土地上仍舊奮力與大自然搏鬥。文化對他們而言，並不是和諧地好好發展孩子的才能，毋寧更是學習歷史事實、獲取知識與閱讀前人文章。學習，同樣的，也不意含去發現身邊的事物或是探索世界發生什麼事；反而是回顧過去的成就，學習已死亡的語言，甚至於這個語言消逝得越嚴重，「學習」的榮耀越高。學校的課程主要就是盡全力投入把孩子的眼光轉向過去，去發現那兒還有什麼值得研究，也許去尋找美學的或是智能上更細膩的發展。3R的知識以及一些天生的聰明，都是孩子所需要的社會配備（social equipment），準備來探索這個世界。一旦孩子準備好了，學校就會把注意轉向，著重孩子的文化薰陶。

不論文化本身對於個人而言多麼有趣或是啟發人心，很明確的，公立學校的第一個任務，應該是教導孩子如何生活在這世界中，找到自己，去了解他自己在世界中如何存在，好好開始去適應這個世界。唯有孩子能夠成功做到這些，他才有時間與意向在智能活動中好好接受教化（cultivate）。

公立學校以喚起自由與民主的覺醒來開始。越來越多人了解，在社會與產業狀況快速變化的世界中，如果僅讓少數人擁有所有科學的控制權，則這社會中的個人絕不可能享有平等機會。如果受歡迎的學校已經開辦了，社區很自然地就採用這些學校的課程與組織架構。過去的年代裡，學校的設立本來就不是為了給所有人平等機會，反而正好相反，人們在不同群組與階級之間，劃出清楚的界線，學校乃是給有閒與有錢階級者學習那些一般人所無法擁有的知識，授予他們職業，符合他們對於區隔的欲求。

那時候人們在同一個地方，一代接著一代存活，在相同的條件下擁有相同的職業。他們的世界小到看起來無法提出學校教育所要求的資源；他們所能做的，就是如何把生活過下去。但是，學校不是為了那些只能過日子的人而設，而是為了想要成功、想要被調教、想對社會有興趣的人而建，所以，當時教材都相當抽象，故意與具體以及有用的材料區隔開來。很讓人驚訝的，文化與教育的理想仍舊奠基於有錢與有閒的階級中（aristocratic and leisure class）。由於存在著這樣的文化理想，使得拓荒者很自然地複製這個理想下的學校課程，即使學校的目的，是給全體民眾一個平等的產業和社會機會。這種以貴族為主的封建社會之教育想法已然發展成形，我國公立學校課程設置，卻從一開始就在反映這個正在快速消失的社會狀況。

引發產業革命的科學應用在社會中造成巨大改變，導致一八四八年法國大革命，造成文明社會中幾乎所有機構都重新建構，許多狀況已然消亡，更多新的狀況正在誕生。改變的結果，就是普及教育，尤其公立學校的建立更顯需要。此刻這些學校的形式還無法適應新的狀況，簡單地照抄原有既存的學校系統，正因適應新社會來臨的歷程持續在進行著，而且才剛開始，所以更值得我們關注。一個因為科學應用所產生的繁榮與福利之民主社會，不能採用來自極權社會統治階級的教育體系之任何結果，極權社會僅是再利用人力來達成產業與福利。對於目前正在進行的學校以及商業與產業的實驗，人們的不滿益漸升高，抗議這種陳腐的遺緒。這就是建立新教育的第一步，人人應該擁有平等的機會，奠基在兒童生活的世界中。

如果舊型態的學校要能反映現代社會，有三個主要的改變：一、學科內容（subject-matter），二、教師的教學方法，三、學生的學習方式。學科內容的改變不僅是名稱而已，閱讀、寫作、算術、與幾何永遠需要存在，但是他們的內容需要增加，進行大改變。

首先，現代社會必須理解，生理的照顧和成長與心智的發展，同等重要；更有甚者，後者的發展仰賴前者的健康，所以，學校必須是孩子們生理與心理的學習場所。我們需要學習閱讀與書寫，才得以完成每天簡單的活動。例如搭對公車、避開危險的地方，與人或事物聯繫溝通。雖然很多事不在我們視線內，事實上，幾乎每一件事都與我們的工作職業有關。然而，學校依舊每天在教導閱讀與書寫，如果這些活動本身就是學習的目的，對於學生的個人教育而言，簡直太奢侈了。地理這個科目也是同樣道理，學生學習邊界、人口與河流，好像大家都不會知道這些事實，所以學生要好好儲存在腦袋中；卻不是學習在社會中的鐵路與汽船、報紙與電報，這些讓全世界成為鄰居的設備，而且沒有一個社群可以自外於這些設備。學生渴望真正去了解我們的鄰居，這是多麼地明顯。換言之，因為機器設備的製造，使得我們的世界強烈地變得更大與更複雜，我們的眼界變得更寬廣，而我們的同理心更被引發出來。社會的改變已經到了這個地步，如果學校的課程還不能夠展現這些成長與變化，就不算成功。學校教授的學科應該含納社會的新元素與需要，這並不會增加學生的負擔，如果我們可以採行以下第二與第三個必須的改變。

機器的更新，造成生活現象更為複雜與加乘，科學的發現也使得已知的事實數量更為增加，顯然地，要去精熟一個學習科目幾乎不可能。以我國的地理教學為例，如果考量所有需要知道且相關聯的事實，包括氣候、地形、種族、產業、政治、社會、科學等知識，我們就會徹底了解要教完所列的這些事實性知識，是多麼地沒有希望。地理幾乎包含所有人類知識與努力的範圍。課程中的所有科目，多多少少都是這樣。任何一個學科的次領域，都充斥著大量事實隨我們處理，使得學科領域的分類變得好像是湊合出來的結果。所以，老師們如果不想要讓全班同學讀教科書與背誦事實，那就要改變教學方法。呈現在我們眼前的事實數量，總是多得永遠也數不完，然而，有用的並不是清楚指認它們，而是有能力去了解它們，並且發現彼此間的關連與應用。所以，老師的功能就必須從講解人與命令者，轉變成照看者與協助者。當老師改變成照看學生，允許他們可以充分發展思考與推理能力，使用閱讀表格、寫作、數學，培養孩子得以判斷與行動的能力，則孩子的角色必然也跟著改變。孩子們化被動與主動，成為提問者與實驗者。

單純地聽到事實，就能得到彼此間的關係或是判斷出結論，真是太稀有了。大部分學生必須先看到與處理事務，然後才能看得出來這些事物如何運作，以及帶有什麼意義。老師就是那個了解什麼才是適合作為學生學習材料的人，而且可以帶入真實方法來使用之；亦即能夠採用教室以外的真實世界之方法，來表徵事物間的運作關係與狀況。

簡而言之，這社會中，在不傷害他人前提下，人人首先會照顧自己，擁有個人的自由與行動權利，那麼，人人能夠自主指揮自己，好好成功照顧自己，這就非常重要了。根本來說，社會無法負荷一個孩子在上學之前，如同嬰兒般只能遲鈍又愚笨，無法既快又準確地進行判斷。如果真是這樣，則拖跨整體社會的無能者將會增加。教條式的方法，像開處方箋般地給予學生，只能製造出順從與被動的孩子，在現代社會中，不僅無效，甚且阻礙了社會朝向更大可能的發展。

所有追隨盧梭的教育改革者，都相信教育是社會再生的最佳良方。他們一直對抗封建觀念，封建觀念相信所謂接受教育的理由，是讓你我的孩子可以比社群其他的人都還要優秀，教育在於給他們一個武器，以使用來讓社會付出貢獻給他們，讓他們有更飽的荷包與更享樂的生活。盧梭的追隨者相信，如果要發展最佳可能的教育，就是阻擋上述的概念，要去宣揚「會帶給社會所有層級人們全面和諧發展」的方法。這理想可以透過讓教育社會化（socializing education）來達成，讓學校參與進真實主動的生活中，而不是讓學校自己走自己的路，關掉所有外在的影響，把自己獨立出來。

福祿貝爾、佩斯塔洛齊以及他們的追隨者，想方設法讓學校與社會連結起來，好讓每一個學生們都能發展出社會心靈（social spirit）。但是，他們還沒有辦法讓學校孵育出社群。普及教育的需求仍然很小，以至於很多社群都還不願承認，學校是社群整體的一部分，而且也不願意相信「孩子絕對不是小大人」；而這需求也非常新，以至於如何好好掌握成群孩子的方法，也還沒有發展出來。社群的角色如何讓學校活化，其重要性，正如同學校本身的角色一樣。如果在一個社區中，學校是一個孤立的機構，只是一個必須存在的傳統，則即使教學技巧與方法不斷更新，學校卻仍依舊沒有改變。但如果一個社區要求學校必須被看見，認為學校也是社區美好生活的一部分，如同社區中的消防隊與警察局，這社區多方運用青少年的能量與興趣，而不僅是一直控制他們的時間到他們準備好成為良好公民時，那麼這社區就會發展出具有社會性的學校（social schools）以及建構這種學校所需要的資源，這學校將會協助學生發展出社群情懷與興趣（community spirit and interests）。

印地安納州蓋瑞市（Gary, Indiana）[14]的公立學校系統最近有一些報導，提及學

14 蓋瑞市位於美國印第安納州密西根湖畔，距離芝加哥四十公里。二〇一〇年，根據美國人口調查局的統計，人口約八萬，非裔美人約84%、白人約12%。是歌手麥可・傑克森（Michael Jackson）及其家族的家鄉。

校行政層面的新進措施，強調產業訓練的機會，新措施背後最大的點子，是社會與社群概念。學區督察（superintendent of schools）沃特先生（Mr. Wirt）在建此鋼鐵城之初，便規劃要為這城市發展學校，而他也很想要把事情做好。他沒有去拜訪全國最有名的學校，或是徵求最好的學校設計；相反的，他不在乎其他地方做過了什麼或是還沒有做什麼，他就在自己的家鄉思考與設計，要為蓋瑞市發展出最好的學校。他想要回答的問題是：什麼樣的學校可以讓蓋瑞市兒童成為好公民，以及快樂與豐收的人；要如何可以達到這些教育目標，滿足這些需要多少經費。我後面會討論這學校的產業特質，但最值得指出來的是，他們並非為鋼鐵公司培訓最好的工作者，也不是幫公司省下培訓員工的經費，而是充實了人們投入工作時所需要的教育價值。同樣的，如果我們簡單地以為，蓋瑞市學區只是把沒有潛力的移民兒童，訓練成獨立自主的移民，或是說滿足產業層級的訓練之所需，那就大錯特錯了。

當沃特先生知道自己是學區督察時，他便扛起了來自四面八方數千個孩子的教育責任。他的使命是照顧孩子好幾年，直到每一個孩子最後都可以找到自己的工作，而且成功地做事；不論職業是操作機器或是管理事業，不論這是照顧家庭或是公司，或是學校。他的問題並不是對於每一個工作都給予特定的訊息，而是協助孩子維持童年時期天生自然的興趣與熱情，讓每個孩子都得以控制自己的心智與身體，而且確保未來他的人生中，都能夠自我控制。

公立學校為孩子設定的目標，是作一個成功的人，以及美國公民：謀生是理想中的一部分，而且培訓成功的話，孩子就會理所當然追隨之。要達到這個目標，有很多必須考量的因素：例如每個去學校的孩子，有什麼樣的特殊狀況、教學的老師如何、孩子所生活的社區如何、支持學校的更大社群又如何。沃特先生充分發揮每個層級最大價值，共同貢獻給這個全體基模（whole scheme）。每一層因素都是具有貢獻能量的資產，每一個層級在全體運作中都不可或缺，是以如果任何狀況受到輕忽的話，就代表結果中的一個弱點。

就一個強調花在學校端的稅收應盡最大可能、充分利用在兒童與納稅人身上的批判者而言，那麼他第一眼會覺得普普通通的學校有如此的組織，實在太浪費了——整個學校的建築、園地與各式資源，有大半天的時間都閒置著，此外整個暑假與星期日全天也都空著。建築體這麼貴，重點是大部分的時間完全沒有被使用到。整件事情簡直是揮霍無度，但是如果我們反過來想，一個就學的普通孩子如何利用他不在學校的時間，以及在學校的時間當中，所得到的教育又是如何地不完整，我們就會清楚了解這個看似揮霍無度的設施，是一件多麼嚴肅的事情。

沃特先生決定，讓蓋瑞市的學校全天開放，這樣孩子們就不會被迫要把他們大部分時間花在巷弄間晃盪與在街頭間廝混，暴露在混混們徘徊的場所，身陷於健康與道德危險之中。照理說，學校建築一天關閉好幾個小時，且維持很多個星期，所以他決定讓為學校出錢的人，也就是納稅人，也有機會在這期間為了公眾目的好好運用學校。因此蓋瑞市學校有夜間部、周六班以及暑期課。這使得建築物的起造，比起只開放幾個月而言，還更有價值，於是如何讓這個事業更有經濟效益，便值得好好開發。

大部分學校中，學生實在無法一天坐在桌前五小時；所以，如果要讓他們在學校忙到八小時，一定要安排其他活動。蓋瑞市學校為了要達到經濟效益，安排學校建築要能照顧雙倍學生。每棟學校建築裡有兩個學校，一個是上午八時到下午三時，一個是從上午九時到下午四時，每間教室都輪流讓學生來上課，其他時間則讓各種職業入班培訓，這使得蓋瑞市學校有其獨特性。如此便能省下足夠的錢來購買船隻、聘請額外的學科教師來支援課程，也支付額外課程的鐘點費。

於是，蓋瑞市居民付出一般的稅款，而讓學校充分利用孩子的時間，給予他們更多的學習設施。於夜間開授特別課程，提供社區居民更多機會學習。現在有更多蓋瑞市居民使用學校，數量比孩子們都還要多，當然他們使用學校的時間還是比孩子們少些。透過兩所學校在同一個建築中，每間教室省下了一半的金錢，提供足夠經費，讓孩子參加一天八小時有益健康的活動，也讓學校夜間、假期與周日都可以開放讓大人使用。

每個學校都有體育館、游泳池和遊戲場，由體育主任照顧日間開放的八小時。體育與其他學科一樣，都是學校教育的一部分，除此之外，每個孩子的課表中有兩小時時間，可以隨他開心使用遊戲場。與其在街頭晃蕩，不如讓孩子留在學校使用校內提供的遊玩機會。大部分體育訓練都採用有安全監督的遊戲與儀器。如同其他學校的狀況，實驗結果顯示，學生對於正式團體活動不太有興趣，如果他們被強迫要參加，那就喪失安排的美意與益處。所以，孩子不見得都會使用體操練習、游泳池、網球場和其他相關設施。體育主任看到孩子們如果進行的是他自己想要的活動，則活動就會有規律性也有效果，而且也讓他的身體發展適合他自己所需，每個孩子都有健康與快樂的地方、要不也可以在戶外愉快玩耍。

蓋瑞市的學生在學期間身體要長得好，如同功課也要跟得上年級一般。每個孩子都會經過醫師檢查，如果孩子在一般教室學習狀況下不夠強壯，他們並不是被送回家一直等到強壯之後才能回來；相反的，他們被留在學校、安置在適合他們體力的學程中，把教室時間降到最低水準；大部分時間他們在體力學程中，也許是遊戲場或是體育館，根據醫生指示進行活動，好讓他們變得更強壯。身體上的成長如同心理上的成長一樣重要，而且所接受到的照顧是相同的，隨著年級增長而變化。學校做了很多努力，把校園營造得如同一個小社區，讓每個人都有機會過著正常而自然（normal and natural）的生活。

學校一天開放八小時，但是年級老師一天教六小時，而體育主任則隨時都有任務在身。在學校時，每天有四小時屬於教室或是實驗時間，一小時體育時間，一小時應用或是遊戲時間。然後還有二小時讓孩子們任自己喜歡使用遊戲器材，他們當然全都跑去玩了。透過班級輪流制度，並不需要增加老師的人數，而學生也從老師——尤其是受過學科教學訓練的老師——那兒學習與獲益。

學校建築體中有兩個學校，每個學校把學生分成不同群組，班級人數比一般學校還來得少。早晨時光前面二個小時——8:15~10:15——兩個學校其中之一使用教室、工作坊、工藝室、與實驗室。群組A在第一個小時使用朗誦教室，第二個小時使用工藝室；群組B則以工藝教室開始一天的時間。至於另一個學校，則在第一個小時使用遊戲場，但並不強迫一定要出席；第二個小時，群組A使用表演廳，群組B留在遊戲場進行體操練習或是學科應用之學習。

10:15，第一個學校去表演廳與遊戲場時，第二個學校可以使用教室以及工藝室兩個小時。一年級到五年級，每天有兩小時的一般教室正式學習時間，包括語言、歷史、文學與數學。六年級到十二年級，每天有三小時的正式學習時間，多了一小時是從遊戲與學科應用時間抽出來的。一年級到五年級，有一小時的科學實驗學習或是產業訓練的工藝學習，三十分鐘音樂或是文學，三十分鐘是體育。六年級到十二年級，有完整的兩小時產業工藝訓練（shop work in industrial training）、科學實驗（laboratory work）、或音樂與畫畫課（music and drawing）。

透過班級與學校輪流使用的機制，學生數量加倍、每班人數變少、老師是學科訓練下的專家。除了產業教師以外，還有法文、德文、歷史、數學、文學、音樂、藝術、自然研究以及科學教師。兩個學校系統共用一所學校建築，反而增加了額外效率。每個年級教室至少有四個班級使用，每個孩子並沒有自己專屬的桌子來存放他的個人物品，是以都有專屬置物箱存放書籍；而每個小時末了，孩子都要準備換去另一個教室。沒有一位老師必須為特定一群孩子負責，而是對他自己的教育工作負責；同樣的，每個孩子要為他自己負責。很顯然，像這樣的系統，便非常需要教師與學生間真心的合作，同樣也需要一套很好的企業管理流程。

沃特先生相信，如果少了這樣的系統，便會如其他公立學校學生般喪失很多學習機會。從企業的目標而言，成功執行這樣一個大機構，確實是需要一套大規則，沃特先生感覺到要期待目前在位上的學校校長與學區督察執行這樣的企業，同時又要完成教育的學程，對他們而言困難太大了。他認為學校校長與學區督察應該是企業經理人，簡而言之，就是學校單位的或是市區層級的行政主管。目前執行督察工作的教育界人士不應該為了學區而受聘，應該是為了學科而受聘，而且要輪調不同學校，這樣他們才能夠真正與自己的學科教學工作有聯繫，同時也就不會發生例如某個學校在特定科目上特別強的現象。這些督察如同學校校長，他們在校內有自己的辦公室，全部督察一起規劃全部學校的課程。蓋瑞市的學校數量太少了，所以無法完成此計畫，然而目前的組織架構已展現出類似遠見與願景，把系統內的全部老師，從新進助理到督察，召喚出來一起合作。

在管理、社交生活、課程各方面，蓋瑞市學校已經做到了可能範圍的每一件事，與教堂以及家庭合作，用盡教育經費的每一分錢，運用公司組織與鄰里社區的每一個影響。在管教上，學校是一個小社區，民主的社區。整體結構安排得很好，孩子們都想要去上學；完全不需要警察先生展現權威去嚇阻、抓拿他們。孩子們一旦來上學，就感覺得好像在家般，對工作有興趣也有責任，如同分擔家務一般。孩子們也都知道其他孩子在做什麼、在上什麼課，因為他們總會在置物箱的區域相遇，或是在每一個課程結束換教室時，在走廊或大廳碰面。由學生負責查訪表演廳與教室的系統，以及學校設備的維修等，這些都是創造這種學者之偉大心靈的重要因素。

學校有學生委員議會（student council），透過學生選舉而來，照顧學生全體的利益，也關注學校的秩序。學校醫生、學校印刷與公關辦公室，利用英文科與表演廳時間合作舉行健康活動。學生都很有興趣，也都很努力，最後的結果是校內的疾病感染率還低過校外的學齡前兒童的感染率，照理說校內感染率應該更高才對。與其強迫推銷健康規則，學校領導層級告訴孩子們規則是什麼，為什麼制定此規則，以及大家要如何進行才可以降低疾病感染率；在化學課與烹飪課中，學生學到細菌與生理學，所以他們都理解感染與骯髒是什麼意思。結果是孩子們自己主動更加謹慎防範疾病，如果他們看見班上有同學生病了，便會要求生病的孩子執行自我管理並通知校醫。

學校也利用相同方法執行「牛奶運動」；學生從家裡帶牛奶樣品到學校來測試，如果牛奶不純淨，大部分孩子回想起來，都曾看過家中父母確實對牛奶做過一些事情。對抗蒼蠅活動一直在進行，也得到孩子們很真誠的回應。在健康這方面上，學校不只是整體社區的一部分，他們還超越這個角色，如同健康單位的助理一般，協助排除居民對於市級醫生（city doctor）的偏見與害怕，那害怕往往造成疾病無法控制，學校孩子得不到照顧。一旦居民贏得市級醫生的合作，以及對於孩子的了解，那麼他們的咽扁桃體（adenoids）以及眼睛都會得到照料。孩子們都知道為什麼要進行這些事情，他們的父母往往茫然不知，有時候還會阻撓孩子們的特別關注，於是孩子反過來協助了父母。

另外一個學校的困難問題是產業社群雇用外國人，而其孩子會來上學直到法定年紀，然後就離校了。蓋瑞市學校很關注這件事情，如同他們關注公共健康問題一樣，關注方法並不是制定更多法條或是強制實行，而是讓這些孩子們成為助手，讓學校變得非常有用，使得每個孩子都想要留在學校中學習。

在蓋瑞市，並沒有「高中」這種稱呼。孩子們從幼稚園開始進入一所學校中學習，直到他準備好去上大學或是進入產業或工廠。校內在八年級結束時，並沒有畢業典禮或是畢業證書。當學生開始九年級時，課程便與過去的不一樣，除此之外，並沒有其他什麼事情會讓孩子決定他學的已經足夠所需，所以從現在開始他應該可以懶散奢華度日。老師沒有改變，同樣的歷史、語言以及文學老師，教授每一個年級；在工作室中，學生得以有機會好好徹底地學好一件事物。

學生並不會以為最後四年將是無聊困難又無用的學習折磨，他們認為這就是學校生活的繼續，而且隨著他們的能力增長，將會越來越難。他們尤其認為這段時間是一個能夠得到訓練的好機會，而且他們可以看到立即的價值。說服孩子來上學的爭論很務實，告知孩子爭論的內容與事項。學校出版校報，解釋給學生與父母知道，學校在一般教育以及特殊訓練上，提供了什麼機會。學校公告欄也會貼出不同職業領域工作機會的統計數據與資訊，用圖表與相對位置高低，清楚讓男生與女生知曉，高中畢業生與十四歲離校開始工作者的薪水差別等級，包括離校一、二年或是十年後的情形。

企業界人士來到學校告訴學生，高中畢業生與沒有高中學歷者的機會差別，同時也解釋何以他們需要受過教育的員工。蓋瑞市給學生的統計數據，一直保持更新，也隨時讓學生知道。一般而言，八年級生與高中生就學人數並沒有大落差，主要是家長們不覺得有必要讓孩子離開學校。他們發現可以先犧牲個幾年，再等一等，如果孩子們可以留在學校學得更好的技能，勝過離開學校，如果孩子們也很敏銳知道繼續就學以規劃他們的未來，則就算是最窮的家長也不會想要凍結孩子的學習機會。

有一些大城市，很大比例的學生在十四歲時離開學校，一般理由都是家庭需要這些孩子提供經濟上的協助，而經濟短缺背後真正的理由，是學生自己不覺得上學有什麼不一樣。如果問學生，「你為什麼離開學校？」最常得到固定的答案是，「因為我不喜歡學校。」這個理由再加上家庭貧窮，足夠讓他們在一有機會時就離開學校。如果給孩子有興趣以及有價值的工作，還有機會玩，那麼他對於學校的怨恨很快就忘光了。

學校的僵化總是把學生遠遠地推出校門外，而不是把他們留在校內。課程不適合他們，可是學校也想不出任何既不讓全校組織跳腳，又能夠修改課程的好辦法。一個失敗，往往讓孩子放棄全部的工作，而且很快就感受到他的努力都不重要，因為學校機器以相同的速率在運轉，完全不去理會任何個別孩子或是學習成果。孩子們說無所謂或是不喜歡，大概就是覺得自己的工作完全沒用，而他也知道自己努力學習，可是學校一點也不會受他的學習結果所影響。

在蓋瑞市，學校的設計最終就是要配合每一個個別孩子，而且彈性夠大到，即使學習最困難的學生，也都不會攪亂這個組織的運作。孩子與學校相處得非常好。我們在前面段落中已經解釋過，兩個學校系統同時工作，所以個別學生可以自主決定在一個學科上花更多或是更少時間，或是全部退選。一個物理不好的孩子會花更多時間在遊戲場上；而一個算術或是地理不好的孩子，可以在兩個學校中都選這些課，甚或可以降一級學習。上百個孩子都可以在他們自己的學程中，進行這樣的改變，卻不會打亂學校常態規範與制度的運行。如果學生在某一學科上強過其他學科，那麼他可以在這個科目選擇更高一級的課程。如果學生對學校喪失興趣，大部分學科成績都落後了，或是他正在開始想要離開學校，他不會因此受到懲罰，也不會因此被擺到更後面，而沒有人關照他。老師會去發掘他有哪些強項，並給他充分時間來發展，鼓勵他往前邁進，好讓他的興趣可以被激發出來。如果有一天他清醒過來，發現他對學校正常課程有興趣，那就最好不過了。每一個設計都允許他在所有學科與工作上，可以趕得上同年級的同儕。如果最後這個覺醒並沒有發生，這個男生或女生還是會留在學校，直到他學到某件事，也許就是最適合他能力的一件事，而不是就這樣讓他離開學校，或是因為落後而整體失敗，就算是最強的老師過世了，或是學生都沒得到任何訓練，或是未受到道德的啟發，也不會讓學生白白離開學校。

學校每兩個月就會更新課程，學生就會改變全部的課表，絕不會讓孩子整個半年的學期間，一直掙扎在某個作業是否過於困難、過於簡單、或是沒有給得不恰當。就行政便利而言，年級的區分還是存在，但是學生不是依照他的年級來分類，而是以他屬於「快速（rapid）」、「一般（average）」、或是「慢速（slow）」的工作者（worker）來區別。快速的學生，大約在十六歲時候完成全部十二年級的課程，一般速度的學生，大約在十八歲時候，而慢速學生在二十歲時候完成。這個分類並不在描述所完成的工作品質。慢速的工作者可能比起快速的工作者，更是徹底型的學者。這種分類並不是在區分學者的能力，而是在利用孩子的自然成長，好讓他與工作的速度並肩前進。快速的孩子盡可能地快速升上新的年級，不想拖著不升級直到他的工作都沒了刺激與趣味，而慢速工作者在他準備好之前，並不會被逼著進入工作狀態。

這種彈性的制度成功了嗎？還是造就了輕鬆好過、懶散隨便的方法？惟有直接進入學校真實探訪，看到學生努力工作的樣子，每人為了自己這一天的進步，而負起自己的責任，你才會被說服相信孩子們既快樂又有興趣。

而從老師與教育的觀點來看，我們參考了學校資料，這個答案更正向積極。學校中，57％的十三歲孩子已經在七年級或是更高年級了。這數據比大部分產業社區的學校還要好，表示蓋瑞市學校的學生大部分在學校的進度差不多，而且一般速度的孩子也都準備著要讀大學（college）。最顯著的表現是，從蓋瑞市學校畢業之後，還想要繼續讀大學的數據。自學校畢業後八年之內，有三分之一學生到州立大學、工程學校或是商業學院就讀。如果我們還記得蓋瑞市的人口組成主要是鋼鐵工廠的勞工，60％是國外移民。與一般移民第二代的學校歷史比較起來，我們深知沃特先生能夠讓系統符合學生的需要，引發社群感受到學校的好處，想要繼續就學、得到更好的教育，而不是夠了就好，這是多大的成功。

從一般性的課程改變成這樣，背後動機是社會性的。沃特先生相信，如果適當強調學校的社會性目標，則教育的目標自然就會達成。學校必須好好探究學生的需求與品質，社區的需求，以及社區為了學校的好，可以貢獻出什麼。我們已經看到孩子們的生理身體生活以及社區健康如何放入學校課程中，而且課程設計得更有趣，同時也讓社區更好。這樣的連結，維繫著學校功課、社區利益以及每天的日常生活。孩子們的社會本能充分運用在教學中。與其區別不同年級，且把年幼學生與年長學生分開來，他們其實更應該儘可能在一起。如果高年級沒有在使用工作坊，也沒有在進行技術訓練時，低年級就可以使用實驗室與工作坊教室，這是多麼的寶貴。低年級不僅在那兒上科學課與手工訓練，當高年級在裡面工作時候，低年級也可以是小幫手，或是在旁觀看學習。四年級與五年級學生在工作坊（shops）、工作室（studios）與實驗室（laboratories）幫忙七、八、九年級學長。

年長學生透過照顧低年級學生，而習得責任與合作，年幼學生因為看到學科的驚奇而學會等待、觀察與提問。高年級與低年級學生都知道學校是怎麼一回事，因而有一股強大的夥伴感情，低年級孩子的興趣越來越增長，而且更想要在學校中學習。年長學生的工作就是在時機恰當時候教導年幼學弟妹。自然與地理學科中，以繪圖的方式製作地圖與表格，對於低成就學生很有用；印刷工作坊為全校製作拼字表以及問題單；健康活動的校醫便找藝術與英文課學生幫忙製作海報與手冊。學校川堂掛著各種校內活動的通知，很多都是好看又有趣的圖畫或是地圖，有些是各種不同工作坊的訊息與內容，有些是全校都要看到與知道的消息。

另外一個張貼公眾意見的地方是表演廳。每個學生每天都要在表演廳一個小時，有時候是合唱練習，有時候是聆聽學長分享有趣的物理實驗，有時候是去找找看是否有烹飪課貼出便宜又營養的票券，有時候是校醫告訴全校如何讓學校來協助社區鄰里改進健康狀況。表演廳也開放讓一般社區使用，牧師、政治人物、或是任何想要在社區中進行有趣事情的人，都可以在表演廳中告訴孩子們。學校以此方法邀請所有社區內的社會機構進入學校。

應用科目也達到了同樣的目的。孩子們去最近的圖書館閱讀、查找資料完成功課、簡單地讀幾本書完成學校作業；或是去鄰近基督教青年會（YMCA）使用體育館或是聽演講；也會依循父母建議去教會、俱樂部感受宗教的引導。學校是社區街坊社會活動的交換所。應用學科時間乃是透過工作坊或是遊戲場的實際工作，作為正常教室學習的補充資源。所以，算術科會用到數學應用的時間，來計算遊戲場中一個房子的地基，或是在如同雜貨店般的學校商店裡工作一個小時，在數學課就是口算或是心算，在英文課就是玩買賣的遊戲。應用科目也會拿來為學校建築進行一些小工作，學習速記、打字與書記的高年級學生，會去學校辦公室幫忙職員進行一小時的真實工作。五年級男生會在學校儲藏室幫忙，掌理全校的材料供應，檢核送進來的物資，然後再分配出去給老師與清潔員。

各種工作室中，學生的工作日誌，則是由其他學生使用應用科目時間來記錄。辦公室的書記員一般都有薪水，學生來工作時，工作坊的老師會記錄他們工作的時間，以及該技能的積分；學生記帳員則會計算學生工作時間總計賺取了多少積分，全部紀錄都好好保存著。學生也經營學校郵局，筆者看見一位六年級男生跑遍全校，傳送薪水支票並收回收據。孩子們完成這些工作，不僅是學習算術或是書記，他們同時也在學習責任與可靠。他們更能欣賞學校對自己的意義；他們了解自己就是最真實的學校，也認同學校的利益。

學校餐廳也是由烹飪部門執行。愛默森學校（Emerson School）建立之初已配備好一般的料理台、瓦斯爐、餐桌與置物櫃。這些設備後來改裝成服務櫃台形式，由學生服務生端出他們自己烹煮的食物給同學吃。這是真正的午餐，同學必須付錢給學生收銀員。學妹們在烹飪時間幫忙與觀察學姐，作為自己的烹飪課程學習。女生們負責午餐的菜單規劃與採買，而且清楚記錄帳目。他們必須先付出所有成本花費，且提供符合化學部門標準的菜單，他們製作表格分析價格。基本上是準備蒸的熱食，既營養又好吃且便宜。每天的菜單與各項價格，以及食物價值，都以大海報與表格張貼公告在餐廳牆上。學生會看到所有食物的相對價值，包括便宜又好吃的菜單，或是普通食物的奢華版菜單。這些都是校內餐飲部學生製作出來，且進行過真正實驗後的結果。

蓋瑞市學校所教的公民課，並不會超出教科書範圍。學生透過真正協助學校來學習公民，透過維持大家在走廊以及遊戲場的良好行為而訂定規則，透過進入圖書館、透過傾聽正在忙校內事務的人來告訴大家，他們在忙學校的什麼事。他們透過學生議會的選舉過程中關於政黨、初選、投票亭、選票等模擬活動，來學習公民。學生製作自己的家具、親手鋪設水泥鋪路，他們都知道成本多少，所以他們更不會強力破壞路面或家具。作為納稅人，他們自己親身學習，有進步與成長，未來也就不會那麼容易被唬弄。在健康活動中，應用科目使得他們了解城鎮裡的社會機構，表演廳時間讓他們更了解自己所居住的城市，公民課中他們為自己發聲。孩子們以自己的眼睛看事情，他們以成為一位好公民的目的，來學習公民課。

實作的公民課，價值加倍，因為很大多數孩子的父母是國外移民者，他們完全不了解自己居住的城市政府以及組織，加上也不了解他們看到的事情與自己有什麼相關，所以也無從知道可能性與限制。家長們完全不了解法律，除非他們自己違法；不了解公共健康，除非他們自己身陷危險；也不懂社會資源，除非他們自己需要。結果是他們很自然地對政府與社會權威抱著懷疑。所以，如果孩子擁有實際知識，可以做出堅實的好判斷，更顯得重要。學校除了提供家長上述這些資訊以外，也設法教給學生美國的生活水準，然後影響他們父母。

每個孩子入學時候，要去學校辦公室填寫姓名、年紀、住址、家庭訊息、人口數、資源以及家庭氣氛。這份資料會留在學校，但也隨著轉校而跟進。每一個年級教師都要負責學區某一塊範圍，並規劃這個區域。孩子們製作一個大尺度的地圖，上面有街名、人行道、路燈架與油箱，每一棟房子、穀倉、棚子與空地。這張地圖當然會隨著地貌而修改。每個孩子測量家裡的房間，然後畫一張自家房子的平面圖。這些圖與老師所負責的範圍圖放在一起，這樣老師就有完整的社區鄰里地圖，以及每個孩子住家的樣子。比較這些圖與手邊的家庭紀錄，我們就可以容易評估這家庭的生活水準是否低於一般道德與健康的條件了。

老師所負責的範圍，足夠讓他徹底了解居住在其內的孩子們。如果由於無知或是貧窮造成不好的狀況，老師可以找到方法處理之，而且會特別注意要讓家庭本身學到如何提升自己。如果情況很糟糕，旁邊鄰居的意見就會開始透過住在附近孩子運作起來。有時候表演廳的時間會拿來打開地圖，指出各個鄰里區塊與鄰居中的好或不好的狀況。孩子們總是會把消息帶回家給父母知道，例如房租或是房舍狀況，都可以自由討論。這些報導常常會帶動實際行動。學校鼓勵家長來學校詢問訊息，甚至於好幾次，有家庭用同樣的租金，從擁擠的破爛社區搬來這兒舒服的公寓，都是因為透過孩子看到訊息，他們才知道根本犯不著還留在那個糟糕的地方。學校會盡量幫助孩子，這是正常的工作方案，而孩子與家長也欣然接受。關於品質改善、衛生狀況、房子大小與舒適度以及租金，學校都公布讓家長知道。如果有一區很糟糕，而附近有狀況好很多的社區且租金相同，也都會公布讓家長知道。於是，學校不只教導好公民與好社會的理論，他們給孩子真正的事實資料與條件，所以學生學到什麼是不好的，以及如何使其變得更好。

蓋瑞市學校運用社區，使其對教育設施盡可能地貢獻，而且社區也同時得到很好與立即的回報，另外更大的回報是，培育了機警與明智（alert and intelligent）的市民。蓋瑞市並非十足理想，學校經費並沒有比其他相同大小的城市還要來得高，老師的品質在其他城市也可以找到，而大部分學生則來自沒有給孩子訓練或教養的家庭，甚且家長還在努力調整自己適應新環境。然而這裡的學校已經做了這麼多，展現出優秀的企業管理系統，把納稅人的錢以符合經濟效應的方式來花費，好讓年輕一代擁有可能範圍內最好的設備，把時間花得這麼有價值。

如我們所看到，這系統把錢花在刀口上，結果我們在學校內與遊戲場上，看到了機警與快樂的學生、學習進步的統計數據以及後續的職涯發展，而且最讓人振奮的，是他們以一般公立學校所能得到的經費達成了這樣的成就。

第八章　學校是社會安定之所在

The school as a social settlement

整個國家的各區學校都已經發現，讓學校工作活化的最直接方法，就是與在地的利益以及職業緊密結合。美國學校的歷史一路發展下來，基本上建立了統一的學科內容、方法、行政體系，忽略地方環境特質，也就是忽略一致性之外的差異。凡是在時間與空間上非常久遠的事物、以及抽象的實物，都可以簡化到幾乎完全統一的形式，用固定劑量的方式讓大量兒童服用。很不幸地，更常見到的後果就是採用一模一樣的教育彈炮來瞄準攻打孩子，而結果是沒有一個孩子被打到。要活化學校工作，使其與學生的經驗連接，就一定要從改變學校教材的努力開始，才能夠符合當地生活的特定需要與他們自己的生活特色。

學校與周邊鄰里生活的緊密連接，不僅豐富學校工作也強化學生動機，確實也增加學校對社區的服務。沒有一個學校運用了社區活動設施完成教學目的，而卻沒有反過來影響社區居民的生活。例如，儘管從公民教材當中學到的知識，都是純粹教科書論述，在實際應用的力道與應用情形相當不足，然而學生在公民課中，為了社區進步發展進行問卷調查，當然就會影響當地生活；相反的，社區就能夠感知到學校的有效性。當學生長大成人時，社區會理解到孩子的成長是每天規律教育過程中的一部分，學校給予的服務就在身邊。

關於「學校是為了民主目的而存在」的這個論述，就良善的公民權而言，這是最好的事實，而非一個抽象的公式。一個把學校視為公民活動中強大因子的社區，便會回報給學校立即支持與協助，也許透過社區本身的設施（就如蓋瑞市一樣），或貢獻勞力、金錢，或是直接援助學校所需物資。

印第安納布利斯市第26號學校（public school No. 26 in Indianapolis）校長督導正在進行一個實驗。不同於我們所知道的一般性努力，他想要讓學校成為一個真正的學校；這學校所在的社區中，孩子健康、快樂、有經濟性以及社會性能力，孩子與父母都直接認可與接受學校教學與社區生活連結。

范倫廷先生（Mr. Valentine）的學校位於一個貧窮、擁擠的有色地區，孩子都是有色人種。在那兒不需要解決「種族爭端」，也不用在有色人中進行什麼實驗。對於其他社區也許不盡然是實況，這兒的學校沒有任何東西，孩子來自資源有限的家庭與貧瘠的社區。來過這兒的訪客，在離開時候很難不去想要展開一個偉大城市的改變計畫。是的，就是在這樣的社區中，人們要被喚起自身的需要，包括他們要對社區作最大的利益貢獻，他們必須要學習如何謀生，如何在閒暇以及工作時候運用他們的資源協助自己與鄰居。

這項工作必須與社區狀況相互關聯，所以范倫廷先生的學校裡只有有色孩子；社區孩子成為學校學生，學校便能適時調整孩子的需要。如果這實驗成功，那麼同時也表示我們在解決種族問題以及移民地區的特定問題上，又向前邁進了一步。范倫廷先生對於這議題相關的任何理論並沒有興趣，他最想要做的是補足學生家庭生活的缺失；想要給他們機會得以準備未來更好的生活；想要給他們很多健康的職業與休閒生活機會；而且想要讓學校的工作可以馬上奏效，以改善社區狀況。

范倫廷先生的學校正是社區的安置處（settlement），但他還想讓學校成為一個比一般安置處更好的地方，因為社區中的孩子每天與學校緊密接觸好幾個小時，而他們活動在社區其他角落只有每週數個小時而已。學校作為這樣的安定所在，比其他大部分的安置處還更有影響力，因為使用學校的人們也付出部分經費負擔；他們與學校的關係，不是愛心行為，而是企業關係。由於這樣的企業關係，學校才得以真正教導社會福利的規約。在其他安置處中，這種工作總是做得彆手彆腳，因為使用它的人總覺得在享用一個他們沒有付出什麼金錢的資源，卻得到這些來自比他們更有錢的民眾所提供的物資。就缺乏特殊教室與休憩場所的社區而言，透過學校提供這些設施，就會讓整件事情，處在一個不同的發展基礎上。學校確實是社區民眾的資產；他們對於學校在做什麼事情多少有一些責任感。任何稍微大型的學校活動，某個程度都與社區居民有關連；簡單來說，他們確實在運用學校設施來符應需要。

范倫廷先生的學校位於全印第安納州最窮的地區，也曾經以沒有律法與失序混亂而聲名狼藉。很久以來，學校一直得不到社區的支持，也得不到家長的協助，掙扎地存活著。犯罪率高，每年有很多案例被送進少年法庭。整體來說，孩子對於他們的工作完全沒有興趣，一些極端糟糕的案例在這兒顯得稀鬆平常；有個孩子用屠夫刀殺向老師以為報復，因為老師給了這個孩子應該有的處罰；另一個案例是把一個男孩的父親抓起來，好給這社區一個教訓。除此之外，社區內充滿敵意態度，完全沒有就學意願，學校要想辦法與周邊的道德混亂狀況相抗衡，就必須採取一些措施，讓學校從社區中分立出來。終於，學校董事會買下學校周邊的土地與房舍，並規劃拆除這一批老房舍，後來總算又被說服，把這些房舍轉為學校使用。現在學校發現自己變成了一個更大遊樂場和三棟最糟糕房舍的擁有人，董事會決定把這新近購買的房產與土地清理出來，但不應該再增加市政府經費負擔，於是把這些建築改為社會與產業用途。因為學生與社區居民對其中一棟有興趣，便改為手工藝訓練處（manual training building），其中有木匠工作室、縫紉間與製鞋教室。課程中，每週都有固時數是手工藝課，課後也有機會與產業課程結合。立即的實務誘因——依個別學生的需要來安排工作內容——特別吸引學生注意。

木匠工作室整天開放，來上課的有男生也有女生。學生可自由選擇在自己有空的時候來實作。工作內容不限於訓練孩子們使用工具，而是每個孩子都可在這兒製作他自己需要或想要的器具，一個對他真正有用的東西。在完成作品的過程中，學生直接學習工具的使用與控制，這也是所有校內產業工作的關鍵內容。

另一方面學校也注重教導孩子學習過程，雖然學會了過程，感覺要很久以後才會用得上，然而學習的材料與實質內容，永遠在完成之後就可以派上用場，學校對於孩子而言有強大的立即價值。男生已經學會木工，製作學校房舍中的桌子、櫃子、書架以及修繕。女生學會為自己與兄弟姊妹縫紉衣服，也為學校製作窗簾與桌布等。他們學習為學校與社區烹煮午餐的湯品，或為班級準備全套餐食。

除了女生所學的烹飪班與縫紉班外，也有製帽班與編織班。這兩種班乃是以商業觀點來設計，教女生學得一技之長以謀生。製帽課程中，學生學習縫製與修剪，同時會學到這行業所需的不同工作歷程。學得好的女生就可以接受朋友與或鄰居的訂單，為他們製帽。除了材料成本之外，買家需要付給學校財務部門一些手工費。編織班做出來的帽子相當成功，在社區間的生意還不錯。編織也是一項產業，想要工作賺錢的女生也有機會學習製作蕾絲、桌布以及各種編織品，像是斗篷等，都可以賣錢。日後她們都可以所學的這些技能來維持生計。

男生的學習工作也是這樣安排，除了木工製作與修理之外，男生也有烹飪班、修鞋部和裁縫工作室。烹飪課在男生群中比在女生群裡還受歡迎。修鞋工作室的課程在放學之後，男生學習修補他們自己的鞋子。課堂老師是專業的修鞋者，修鞋過程很嚴謹。男生學得技能之後，修補他們自己的舊鞋，也能把家裡的鞋子帶來修補，或是為學校女生以及學弟們修鞋；學校學生也還是要付一些手工費。裁縫部門也是同樣規畫，教導個人整潔美觀的習慣與產業的工作要求，讓學生學會評鑑美觀，同時也學到手工技巧與工具的控制。課堂老師是專業的裁縫師傅，男生學習縫補修改自己的衣服，同時學習鋪墊海綿與熨燙。這些課程都開在學校放學之後，學生都是自願來上課的。男生學會保持清潔，讓自己的外表看起來整齊清爽，漸漸地也對全校以及社區產生影響。男生不再抱怨老師總是要他們保持乾淨與整齊，他們自己就感受到維持這個習慣的好處。

烹飪與家政課在一棟尚未修好的建築中，雖然市政府已經提供烹飪設備了。建築物中的其他工作——清潔、粉刷、修理、家具以及裝設，都是學校學生以及會使用到這建築的社區俱樂部一起出錢與出力。建築中有一間很大的烹飪展示教室，一間餐廳，還有兩個房間。女生不僅學到烹煮真正的餐點，也學習如何服務與出餐，和如何照顧清理烹飪教室。家政課包括採買、成本與比較、化學成分與價格，以及烹飪。這工作與湯品廚房結合。有一群女生負責湯品廚房，她們真的學到了如何好好工作——規劃菜單、負責採買、烹飪以及出餐服務，一碗湯以三分錢供給學校學生與鄰居。她們清楚記帳，收入不只負擔了成本花費，也能為學校帶來一點盈餘。一年中所賺的錢可以整修裝潢烹飪展示教室。烹飪展示教室的目的是要完成一個案例，呈現出如果要把一個普通房舍變得舒適美麗，而又不超過一般人整理自己家的花費，要做些什麼，不僅只是教學生如何輕鬆徹底清理房舍而已。這房舍簡單大方，材料便宜兼顧顏色樸素，又好維持清潔；由學生自己完成油漆與壁貼。縫紉班製作窗簾與鋪布，鋪設箱子做成家具。這棟建築中除了教室課程外，這些房室也是女生們的社交中心。

學校買下第三個建築物，當作男生的社團空間。其中有健身房、兩間社團房間以及浴室。房舍剛買來時，狀況非常糟糕，學校沒有錢也沒有材料修理它；但因為男生們很需要自己的社團空間，所以雖然完全沒有家具，他們也不以為意。就像他們為家政教室以及手工課教室所做的工作一般，開始動工了。在工藝課老師的指導下，他們撕去舊壁紙、破石膏、撬掉地板以及老舊隔間。然後，他們鋪地板、作木工、上漆、裝門、修窗戶、製作家具與健身器材。如果遇到他們不會做的工作，例如塗水泥與水管線，就去找朋友捐獻或尋求協助。學校附近的水電工或水泥工會過來幫忙，一起把整棟建築整理得就緒可用；其他朋友就出錢來作為他們的工資。社區居民為了汙水系統的連結，挖了一條很長的溝渠。漸漸地，健身房器材、簡單的浴室設備、清理以及上漆，都是提供機會讓孩子學習有用的工作。

如前面所言，這些建築在附近社區間造成了自動反射效果。學校董事會剛買這塊地時，原打算要拆除三棟建築；但是范倫廷先生看到這是回饋給社區所需的好機會，同時還可以喚起合作與親子共同利益的精神，便說服董事會把建築物轉給學校使用。他告訴學生有哪些事情值得做，並請他們幫忙。他立刻得到學生誠懇的回應，於是他與孩子們一起進入社區，與家長討論他的規畫並尋求協助。第一棟建築物要改裝成工藝訓練工作室以及男生俱樂部；這想法立刻得到熱情慷慨的回應，社區內的技工除了貢獻時間與資源以外，社區民眾還貢獻了現金三百五十元（美金），對於他們的收入而言，這不是筆小數目。最後完成的作品以及男生受的訓練，證明社區以及男孩自己都熱切渴求這樣的成果，願意付出金錢與工作。

毫無疑問，學校與社區要貢獻這麼多還是要掙扎一下，然而成果回饋給學校與社區的益處，遠遠高於他們所做的犧牲與掙扎。完成這些工作的同時，也讓學校與學生的關係更好了。孩子喜歡上學，而過去可是得要官員強迫與威脅。現在他們來上學，行為也轉好了，家長們的態度同樣也跟著改變。他們不只看到孩子去上學，更開心希望孩子去上學，感謝學校教導孩子自立自足；他們同時也看到，要讓整件事情成功，自己也有一份要負的責任。整個社區精神在公民生活與社會活動上大幅增進，學校是主要的原因。學生出席率以及行為都改進了，少年法庭的案例也減少了一半。同時這些工作背後的教育價值，毫無疑問比起沒有關聯的商店與廚房內完成的工作都要大得多。

學校同時也在執行很多工作，喚起學生對於社區與鄰居的責任心。學生在學校中擁有自由與責任，也是重要的因素。每個高年級學生都要照顧低年級的學弟妹，在遊戲場讓學弟妹可以好好玩，行為規矩，必要時還會幫忙學弟妹整理儀容，讓他們乾乾淨淨來校上課。這項任務特別成功，可防止學校霸凌現象，且激發高年級生個人成就心與責任感；低年級生得到很好的照顧，而且也有機會向學長姐學習。學長姐也獲鼓勵參與校外活動，他們協助夜間部打電話、留訊息聯絡事情，維持學生的出席狀況；他們執行來自校長室的命令，維持男生社團空間井然有序。校內老師都同意大家可以坦誠討論社區的貧窮狀況，鼓勵學生賺錢幫忙父母，至少讓自己可以儘量獨立自足。每個年級紀錄學生賺多少以及賺得的方法，賺最多的年級會覺得完成年度內有價值的大事。

校內設置銀行，教導孩子節儉與經濟的好習慣；在這兒，學生可以從一毛錢開始存款。學生都有一個帳本，每一筆存款皆蓋印章，實際上錢是存在市區裡的銀行。學校也有圖書館，學生都學到如何使用圖書館。

遊戲場劃出一塊地建造學校花園，每個高年級生都有一小塊地，學生也學會如何成功種植一般水果與花卉。學習工作相當務實；孩子們家中也都擁有這樣好看又有用的花園。學校舉行社區花園競賽，學校中擁有花園的孩子對這工作很在行，讓大家知道可以在花園裡種什麼，實際幫助他們把花園整理得更好。所有老師的努力都在想盡辦法讓學生成為更有企圖、更有責任的公民。學習到比生存還要更高的標準，且把影響帶進家中。他們也學到貿易過程，至少會管理好自己的財產，激起對整體社區福祉的責任。

所有這些都在學校一般工作範圍內，更多事情則在學校正常學習時間內完成。還有很多其他活動，雖然並沒有直接貢獻於孩子的教育，但對社區的一般影響也很重要。學校有夜間部讓社區民眾就學，開放工作室以及教室給他們。對學校特別有興趣的社區居民組成一個社團，倡導夜間學校的益處，讓社區居民了解學校提供這麼好的機會，協助民眾提升商業知識或使用英文的能力。這個社團由學校附近的居民組成，他們在學校與社區中皆非常活躍，也非常努力想讓全部社區都清楚了解學校做的事情，可以為社區帶來福利，以及學校還能做什麼，以呼應居民對於學校越來越多的期待。這社團除了激勵夜間部的就學率之外，也做了很多維護學校福祉的事情，例如建築翻修時候的勸募以及捐贈昂貴的留聲機。學校成為社交中心，滿足居民的需要，這項成功的實踐，讓我們記得這個由社區居民所組成的社團貢獻，他們的孩子白天使用學校，而他們自己則晚上使用學校。

假日時候，學校有一些空教室以及工作室與遊戲場，暑假時便舉辦夏日營，讓社區孩子來學習。學校有活躍的校友組織運作，追蹤畢業後的學生。家長社團也開始努力協助學生的家長，相互合作協助學校尋找方法，來滿足社區的需要。家長們透過年度一系列的茶會相聚，與學校的連結更緊密。每個年級為母親與孩子在科學教室中，舉行一年一度的茶會。茶會中的茶點是孩子們在家政課中的作品，而邀請卡就是他們英文課的成果。老師也利用茶會與孩子的母親更為熟識，作為家庭訪問的機會；老師因而得以了解每個孩子的家庭情況，所以更能夠為孩子調整教學狀況，知道他的優勢與弱處。對於受貧窮所困、過度工作的母親而言，這些社交聚會多麼的重要。

學生在學校生活中，享有社交以及教育機會。男生的社團教室每晚都開放使用，有些是校內組織，有些則與學校無關，男生要聚會或玩樂都有空間。體育館也依舊開放，學校老師輪流看顧夜間聚會，學生的參與率非常好。過去社區裡的男生結黨廝混，現在男生有地方去，而且可以進行這麼周延的活動，結黨的情形大大遭受打擊。女生便在家政教室中聚會。營火團（Camp Fire）有兩個小組活動固定在學校開會，老師會給他們建議與指導。每個家政課的目標就是教導女生學習自尊與自在的生活，同時知道如何完成家事，讓家庭成為家人的社交中心。女生學習烹飪，知道如何完成物美價廉的三餐，然後他們聚在一起共享自己煮出來的食物。此時他們也會與老師及同學聊聊個人問題，彼此相互幫忙。家政老師幫忙女生習得一些技術，得以在放學後找到兼職工作，賺得薪水；幫助自己，自然也就幫助了家庭。同時，老師和畢業學生依舊保持聯絡，幫忙他們找到固定的工作，鼓勵他們努力向上，把工作做得更好。學校協助學生畢業後的工作安置，這些成功都要歸功於學校成為社區的自然也合理的社交中心，老師很自然地比起其他社區與家長及孩子有更密切的接觸。

社區中，有很多經濟活動聯繫學校與社區安置中心（settlement in districts），社會與經濟生活水準低落的社區，居民往往是一些較不順利成功的民眾。如果學校與社區安置中心共同使相同建築物，以完成他們各自的目的，則兩者的效益都會放大。安置中心所使用的工作室與教室，會比一般的還要大些，而學校交誼廳與活動中心便會形成一個社群。學校自然就會與學區中的家庭接觸，社區活動就會更容易建立。而比這些經濟活動更重要的是，學校安置中心本身是一個民主社群，反映出社區的特性與狀況。

如同蓋瑞市學校以及范倫廷先生學校正在做的，使用學校場地進行任何活動，無論是簡單得如同校內的八堂課，或是提供社區各種活動機會，社區居民都會覺得是在使用他們付出的稅所建立的公共設施，來完成自己的目標。社區居民想要看到學校設施充分被運用，得以產生真正的、有益處的結果，好讓家庭更富足與有效，社區情況更為改善。在實際上以及名義上，學校真的就是公共設備，居民真的想要看到學校可以符合他們的需要，而且更願意看到學校發揮了功能。學校結合社區成為一個整體，確實充分運用時機，滿足各方需要。儘管范倫廷先生的學校當時欠缺經費，也因為社區居民的特別需要而有一些狀況，然而當學校不再是孤立的學習機構，而且學校在社區中與家長建立關係，那麼從學生心目中對學校的態度，就完全可以看到學校對於社區的意義何在。

為了滿足社區兒童身體、智能以及社會性的需要，蓋瑞市學校與范倫廷先生學校都進行整體重組。兩所學校都期待更高的社會理想（social ideal）；他們相信並非貧窮居民就不能成為好公民，同時也期待社區居民繁榮富足與獨立。社會狀況的改變必須早於上述改變而先行，這兩個學校都相信他們所提供的教育，乃是採用自然且最確認的方式，來促進改變的發生。要抵抗剝削的最好方法，就是從小開始教育孩子如何清楚的思考，以及如何照顧好自己。

很多學校也都在進行同樣的工作，利用社區活動來豐富學校的課程，也利用學校設施作為社區活動的場地。芝加哥學校的民眾社團，如同前面所描述，聚焦於相同的目標：為改善孩子生活而充實社區的設備，自然也就改進了社區本身。例如，伊利諾伊州河邊市的寇提吉小學，學生都來自中上階層的美國家庭，建立一個類似的社團對學生非常有用，對小鎮也發揮了很務實的效益。學生組織了一個市民連盟（civic league），協助負責城鎮裡某些地區的街道狀況，不只清潔掃除，而且也讓小鎮居民開始關心這個問題。以政治組織的型態模擬選舉，「自治政府」（self government）就是很好的例子，說明教育可以訓練出很好的公民權觀念。使用學校設備作為社區活動中心，也就是認可社會交換的需要，亦是社區的責任實踐。

擴大運用學校設施，不僅訓練年輕人承擔起自我改善的責任，還更提供社區所欠缺的娛樂、社交以及進步的及時機會，學校正是可以完成這項任務最自然與方便的地方。每個社區都有此項權利，去期待與要求學校，以公共的費用支持公眾的目的，盡其可能滿足社區的需要。像這樣讓教育走向社會化的企圖，作為教育性工具的價值相當成功，也喚起孩子的熱情，使得社區居民參與學校提供的活動，充分使用學校設備。這方法相當清楚，讓社區居民建立更明智的公眾精神（intelligent public spirit），也讓大家更有興趣為這塊土地上孩子們，提供對的教育（right education）。

第九章　產業與教育調整
Industry and Educational Readjustment

教育改革主要的努力在於調整現有的學習機構與方法，以回應一般社會狀況的改變以及智能的要求。學校如同其他機構一樣，會產生慣性，一旦開始啟動之後，便很容易忽略當下的需求，繼續進行下去。現存教育中，有很多課題與方法，都是因應過去情況的需要而產生，且一直持續至今，只因為傳統與習慣使然。尤其產業方法（industrial methods）已然發生根本性變革，學習機構掌控理想與思想，卻仍舊僵化固著。學習機構誕生於昔日生活中產業並不重要的時候，然而現在實際上所有政治與社會事務都圍繞在經濟問題上。這些問題形成於過去科學與製造業以及貨物流通之間沒有正向連結時，然而現在製造、鐵路、電化交通以及日常生活設備等，都來自科學的應用。經濟變化造成人與人間相互依賴，也強化了相互服務的理想。政治的、學術的以及道德的改變，引發產業教育（industrial education）相關的問題，是當今美國公共教育最重要的議題。

學校（school）一詞在希臘文中，源自閒暇（leisure），學校的字源隱含著已經發生的這些變化，其本質為何？教育，一向以來確實表示著一種遠離生活壓力的解放。當孩子們受教育時候，多多少少都需要被其他人支持，使他們不用陷入物質生存問題的掙扎中。對兒童勞工的反對，同時也與擴張公立學校的努力一起蔓延整個國家。學校不能在學生身體疲累時候，還要求他們上課，必須要有自由時間（free time）。更有甚者，在教育裡，想像、思考、與情緒都需要運用心智（minds），而心智必須免於被「如何支持自己生活」的這些俗人問題所干擾。如果要有真正人文與自由（liberal and free）的教育，就一定需要一股閒暇的氣氛。

就在學校以「閒暇」概念來命名時，上述這些事情確實成真。但是，那個時代閒暇階級（leisure class）與勞工階級（laboring class）截然二分。教育，至少在萌芽時候，是設計給前者所用。學科與方法都是讓有錢有閒者所享用，他們無須為生活而工作。動手工作在那時乃是等而下之的標籤。在有貴族階級的封建國家中，工作，是奴隸與僕人的勞役，對於這些等級低下者所做的事情，社會很自然地產生鄙視之心。對他們的訓練是奴性的教育，而人文教育自然是給有閒暇的人；而有閒者就是上層階級的人，無須投入勞動為自己或為他人謀生。對於產業的敵意便從中產生，同時也擴散到與動手相關的所有活動上。一位「紳士」是不會動用到手的，也無須接受技能培訓，他們僅從事運動或是戰爭，雇用人手去為他人做有用的工作，同樣的反過來說，提供他人服務則顯現出依賴別人的社會與政治狀態。

聽起來很奇怪，知識與心智的概念受社會當中貴族階級的影響。凡是牽涉到與一般性的身體、或是特定性的手與感官，二者相關越少者，表示智能的等級越高。真正的思考產生真正的知識，完全運作在心智上，不需要身體任何部位的參與。因此凡是僅需要最低限度身體活動的學習，就是屬於人文教育。首先提及的是哲學、神學、數學、邏輯等學科，都是純粹屬於心智的；然後是文學與語言、文法、修辭等。即使我們所稱的藝術學習，都還屬於較低層級，因為繪畫、雕刻、建築等的成功，需要用到技術與手藝訓練。唯獨音樂不在被歧視的範圍內，也許部分是因為聲樂不需要用到手的訓練，也許部分是因為音樂是為了奉獻的目的。不考慮藝術的話，教育的範疇應該是訓練人去欣賞藝術，而不是去製作藝術。

這概念與理想在教育理論與實務中仍舊持續著，即便當時產生出這個教育概念的政治與產業狀態已經消失很久了。現實上所有關於文化，以及文化的教育這些概念，多是在有閒階級被認定為比勞工階級更高一等的那個年代產生出來的概念，這是很自然的結果。精緻、優雅、美感、古典文學知識、外國語言、科學等，這些都可以透過純粹心智運作來學習，而且沒有什麼現實用處，這些才稱為文化。它們也是閒暇時間的記號，以及富裕的代表。這些專業——包括神學、法律、低階一些的如醫學——屬於高等教育的範圍，至於那些為他人提供服務所需要的手工製品，在產業中就不那麼高級了。因此，專業教育比起人文教育，就比較有爭議，因為其目的乃是提供服務。而且，尤其醫學，很長一段時間被認為平庸、上不了檯面，因為醫學是在照顧別人身體的需要。

反對讓自然科學進入高等教育的理由，不只是因為現有教育機構的保守力量，也包括這些科學強調實際的用途（也就是其物理性功能）、實體設備、以及操作所需要的手工技巧。即使最有代表性的數學，也要被歸於文學研究中，因為自然科學比起幾何、代數、微積分等這種用心智來運作的純科學，就是少了些文化。儘管社會的改變，促使課程中加入愈來愈多有用的學科，但文化價值中這些科目的排序依舊很堅強。銀行業務、商業等較少手工活動，以及人際服務的職業，就會比管家、製造、務農等，還要來得更溫文儒雅些。即使現在還是有很多人這樣看待心智活動。

兩種不同學科的分化，首先出現在小學教育中。如同十八世紀時發生的民主概念擴散一樣，教育對於廣大民眾而言，正如同對於上層階級的人一樣，是一種需要，也是一個權利。美國學生在閱讀盧梭和佩斯塔洛齊時，他已經知道普及教育的民主概念了，往往不會發現他們腦海中的全民教育發展，是社會的必然性，其實比這兩位哲學家所倡導的教育方法還要更革命性。這就是一個案例。即使自由派如洛克（John Locke），其所寫的教育論述中，也提及一位紳士的教育必須與勞工階級的訓練完全不一樣。社會全體民眾的權力需要發展，而社會必須對其所有組成分子扛起責任，讓他們得到充分發展，這才是民主革命首發的智能表徵。

值得我們注意的是，盧梭出生時是瑞士人，而民主政治思想成熟於法國，那時他正在寫作；而佩斯塔洛齊不只出生於瑞士，也在這個共和國家完成他的作品。平民化的小學教育發展，不可避免地強調學習的有用性，才是教育的目的。課程與方法的成長方向，深受閒暇階級教育的生存概念所影響。正因為小學教育是為全民而設，事實上必要向政治與經濟讓步，而不是當作嚴肅的教育事業。於是，在有用的學科以及少數人享有的文化目的的高等教育之間，劃出了一條嚴格的區分線。閱讀、寫作以及算術，這3R因為有用而被教導。這些科目可以讓人民自足、變得更好，在商業變化中提供更好的經濟服務。我們假定這許許多多孩子一旦熟悉如何活用這些工具後，便會離開學校。

這許許多多的五年級孩子，一旦學到了這些起碼技能之後，便離開學校進入社會，恰好反映出小學教育的出發點是為大多數孩子而設，在社會上是必要的，而非僅是本質上的教育測量而已。社區中有影響力的成員反對放入3R之外的其他學科，例如幾何、歷史，他們認為這些都是裝飾與時尚，這就是目前純粹的小學教育之狀況。文學、科學以及藝術，所涉及的更豐富與廣闊的文化，對於社會上的富裕層級仍舊重要，但是對於大部分一般民眾而言，還不如好好訓練他們使用工具、成為一個有效的工作者來得重要。在製造業的環境變遷以及貨物的流通下，小學教育可以說就是傳統的師徒系統。師徒系統根本上從來不算是一種教育；小學教育目前也只能說是部分的教育事業。

文學與智能教育掛帥的古老理想，某部分已逐漸退去，取而代之的是新的小學教育。越少兒童得已進入高等與文化教育時，3R就越是必須學習的工具，以獲得知識。他們全都涉及語言，也就是事實與概念的符號；語言，使得學習與知識佔足優勢。知識是別人已經發現好的材料，而掌握語言是獲得這項資源的方法。學習，變成在這些知識商店中取得某個知識，而不是為你自己去尋找你所要的。教育改革者應該繼續攻擊這些讓老師學習一堆教學法，以及讓學生繼續被動學習的學習法；但是，只要這個知識本質的想法仍然存在，這結果就很難改變。一旦心智活動與觀察動手這類感官活動，彼此區隔，就會迫使學生從教科書與教師手上被動獲取訊息，使得學習材料既學術味重又很遙遠。

學校中的讀書學習，以及學校外的直接與活力學習，彼此存在很自然的區隔，在美國已經歷時很長一段時間了。日常生活中，來自祖先對於心智與道德學習的強調，絕對不算太誇張。他們全身投入於建設新的國家，產業是首要必須進行的。與其採行過去一貫作法，拓荒的條件必須主動、獨創、以及即時行動（initiative, ingenuity, and pluck）。大部分情況，大家都在為自己工作，所有過程都可以接受檢驗。他們知道東西從哪兒來、如何製造、以及要去哪兒，透過個人觀察，他們知道這些是什麼東西。

他們經由從事有用的活動，彼此分享，學到了專業訓練。

凡是太費力辛苦之處，自然就會有刺激，加上個人對於材料與過程的知識，引發獨立判斷的想像與訓練。在這狀況下，學校能夠作得最好的方法，就是要學生盡全力在書本上，教學生使用書本的指令，尤其因為大部分社區中，書本既稀有且昂貴，如果不想要讓自己被身邊圍繞的環境所困，則這是學生接觸更大更廣之外界知識的唯一方法。

然而，狀況改變了，學校內的教材與方法卻沒有跟上時代。人口移動到市區中心，產業變成大量生產，大型工廠設立，取代了小型家庭工業。產業不再是地區與社區的關心事，蒸氣與電化交通設施把產品帶到遙遠的市場，甚或是世界市場。製造業分工成更多不同的過程，透過經濟運作，需要更多樣化的勞工。即使是工廠生產線上的工人也很少有機會了解完整製程，而局外人就是什麼也看不到；不過就是一端是原始材料，而另一端是完工產品。

機器乃由複雜的事實知識與自然科學的原理製造而成，會自動運作，通常工人除非經過特殊智能訓練，否則也無法辨識得出來。運用機器做事的工人，不似以前的手作工人，此時的他需要遵循其他智能者（intelligence of others）設計出來的方法，盲目操作機器，而不是他自己對於材料、工具與過程的知識，隨著拓荒時代的逝去，那個人人期待有一天自己可以控制自己事業的年光，也已經遠去。很多一般大眾沒有其他期待，就是等著能夠被雇用去工作與領薪水。財富的不平等以倍數擴大，對於兒童勞工的需求也變成全民教育實施的威脅。

另一方面，富裕家庭的孩子因為缺少分攤家中工作的機會，所以也跟著喪失道德與日常生活的訓練。尤其在大城市中，更是很難在讓人討厭的勞役兒童與喪失道德的懶散兒童這兩端中間，看到其他兒童的樣貌。權威機構所作的研究顯示，人口聚集的中心地帶，遊戲的機會非常不足，以至於大部分兒童的玩耍時間分配很不均勻。當然，這些陳述並不是為了說明，當前社會狀況與我們過去情況之間的對比。學校設施確實相應進行了調整，然而，這些論述所說的是，如果要與當代社會生活保持重要聯繫，教育必須考量社會中明顯的變化，以便提供必要的指導，使社區成員有效學習與自我尊重。如果我們沒有注意到隨著這些變化所產生的印刷材料價格驟降，和為了鋪貨所產生的設施增加，那麼，這圖像會更加不完整。圖書館比比皆是，書籍量大且價格便宜，雜誌和報紙無處不在；結果學校不再如同過去那樣，承接與書本或是書本知識的關係。雖然學校以外的情境中，書本或書本知識已然失去許多他們曾經擁有的教育特質，但在閱讀這件事情和在激發閱讀興趣方面所做的努力，確實已經獲得很大的成功。學校如果還覺得應該要專注於這一狀態的教學，這已經完全沒有必要，也沒有人覺得是重要的了。比過去更必要的是，學校應培養學生興趣，引導他們閱讀有智能價值的材料。

雖然僅學習使用語言符號以及培養閱讀習慣，比起過去已經不重要了，但是心力與習慣（power and habits）應當放在何處來運用，這問題卻是相當重要。學會使用閱讀材料，意味著學校應該引起學生的問題和興趣，引導學生在學校期間和離開學校後，都能自己尋找歷史、科學、傳記和文學等領域的材料。這些領域在人類文明中都是重要的傳承，學生不該把自己生命浪費在到處都有的垃圾材料上。如果學校致力於語言的正式學習，而不是在學科上發展深刻而重要的興趣時，則可以想見怎麼可能發生上述的現象。

教育理論家與學校當局試圖糾正許多年輕人的閱讀習慣，也就是年輕人在學校時候已經花相當大心力在語言與文學上，最後卻證明沒有什麼效果。擴大智能的視野，喚醒當代環境所帶來的諸多有趣問題，是充分利用時間閱讀書籍與雜誌的最可靠保證。可是如果書本身就是目的時，則只有一小部分高度專業化的階級人士投身於這種服務功能的書籍。當人們對社會事務感到強烈的興趣時，自然會去尋找那些使他產生興趣的書，如同他也會轉向於內心感受到需要的其他事物上。

從產業的角度來看教育的問題，調整教育來配合狀況是最準確的，這樣說法有好幾個理由。許多細節可以總合為三個一般性原則。首先，過去從來沒有像現在那樣重要，就是每個人必須能夠自我尊重、自我支持、明智地工作——每個人都能夠依靠自己的努力，自力更生，在智能上知道自己能夠做什麼，而且能夠很有智慧地對自己有興趣的工作做得很好。

第二，過去也從來沒有像現在這樣，個人的工作會影響到別人的福祉到這麼大的幅度。當代的產品製作狀況和商品交換情形，全世界都達到了前所未有的程度。今天的戰爭，可能會導致數千英里遠的銀行關閉、商業癱瘓。這僅僅是一個簡單粗糙卻很聳動的結果，在每個農民、製造商、勞動者和商人的活動中，在文明地球的每一個角落，這種相互依存的關係悄然而恆久地持續著。因此，出現了一種前所未有的需求，即所有的學校教學都應該看見、且要能夠欣賞人們緊密聯繫的社會活動網絡。如果人生活在一個彼此沒有多大關係的小團體中，過去那種完全追求智力和理論目標的教育，所造成的傷害相對就較輕微。因為人孤立，所以知識也可以被孤立。但是，今天訊息的積累，也正如訊息本身一樣，除了它具有社會意義之外，其實比沒有用還要更糟糕。技能與模式的獲取，除了社會用途的實現之外，相當具有犯罪的可能。

第三，當今工業方法和過程，與過去比起來，更大程度來自於自然科學和社會科學的事實和規律。我們的鐵路、汽船、牽引車、電報機、電話機、工廠和農場，甚至我們的普通家用電器，都依賴錯綜複雜的數學、物理、化學和生物學方面的理解。最佳的運用來自事實知識的理解與社會生活的連結，以及他們依靠社會生活的事實和關係的理解，來獲得最佳最終用途。除非工人們在使用器具時僅是盲目的套接大齒輪和小齒輪，不然他們必須對所處理的材料和器具的物理，以及社會事實要有一些了解。

因此，我們這麼說，這個問題似乎如此廣泛和複雜，以至於好像無法解決。但是我們必須記住，我們在處理的是一個重新調整問題，而不是原創的問題。調整的產生是漸漸起來的，所以要完成調整需要很長時間。現在最主要的任務是開始進行，而且要從對的方向開始。因此，我們也已經採取了各種實驗步驟，其重要性不容忽略。而且我們還必須記住，通過改變所帶來的重要內容，不是去積累更多的訊息，而是要形成某個態度和興趣，以及如何看待和處理這些訊息的方法。如果完成教育調整，意味著學生必須覺察到日常生活中涉及的科學和社會材料的整體範圍，那這個問題就絕不可能解決。但實際上，完成教育調整，意指著我們要比目前再更降低對於大量知識的強調。

我們所希望的是，學生應該養成一個習慣，將有限的訊息與生活活動相互關連，培養能力將人類有限範圍活動中的科學原則聯繫起來，成功靠的就是這樣的聯繫。如此所形成的態度和興趣就會產生正向循環，開始發展起來。如果我們把算術或地理當成學科，與社會活動和用途分離，那麼教學的目的就是包含全部的基礎知識；而且以為如果我們不這麼做，就表示學習不完整、有缺陷。

然而，身為教育工作者，真正要做的、關心的，是學生們應該知道他們所學習的數字或是地球表面任何知識，與重要的社會活動之間有什麼聯繫。這個問題不再僅僅是學習量的多寡而已，更是動機和目的議題。要讓學生了解他所學習的數學知識有什麼社會用途，並不是不可能，但更重要的是，要教他知道每一步事先學到的數學知識，必須與人類的需要和活動相連結，以便他能看到所學知識的內涵和應用。任何進入數字學習的孩子，都已經有了數字的經驗，讓他自己的算術知識與他每天進行的日常社交活動聯繫在一起，一旦連結建立好，其實也就同時解決教孩子如何社會化這個問題。

當然，就社會經驗而言，這種情況自然有其產業方面的事實。這並不意味著他的算術學習就應該那麼功利導向，或者所有問題都是從金錢和獲益以及賠本來考量。相反的，這表示金錢方面的學習應該降到一定比例，重點多放在日常生活與活動中，關於重量、形式、大小、尺度、數量以及金融知識。調整教育以符應現有社會情況的目的，不在於把訊息獲取作為教育目標去取代賺錢，或是為麵包與奶油謀生。然至少改革的目的是，希望孩子去上學時，能更聰明地從事他們投入的活動。麵包和奶油確實與人們日常生活有關，而智慧就存在於此處，這是必要的。那些不承認這一事實的人，有意無意帶著貴族知識分子的偏見。但是，首要和根本的問題，不在於準備個人去從事某種特定的職業工作，事實上只要不是社會的寄生蟲，他都會有活力且誠懇地對某種工作有興趣，並投入於其中，而且會充分了解這個工作含有什麼科學性與社會性內容。教育的目的不是培訓養家餬口的人。但是，由於男性與女性通常必得投入職業以贍養家庭，他們需要明智地從事家事管理、照顧子女、農場與商店經營、民主政治等，在這些工作中，產業是共同的主要因素。

教育調整的問題，需要在繼承傳統的書本教育（bookish education）這一端，以及狹義的務實生活教育（practical education）另一端，這兩端的中間調整位置。要求保留傳統素材和方法，相對而言較容易，因為基本上這些本來就是人文教育與文化的一環。同時也相對容易敦促那些在現有經濟制度下從事抽水或是鋸木的工人，接受狹隘的職業訓練，把完整的書本教育留給那些不必在家中商店或農場進行體力勞動的幸運兒。但是由於真正的問題是重組所有教育，以面對伴隨著工業革命而來的生活條件之改變——科學的、社會的、以及政治的，所以在這更寬廣目標下所做的實驗，更值得我們理解、認可並且以智慧來檢驗。

第十章　經過產業洗禮的教育

Education through Industry

有些城市正在進行教育實驗計畫，在產業教育中呈現出最好的案例，他們提供孩子訓練，包括重要的謀生工作，協助他們在日常活動中更為聰明智慧。本書描述三個城市：蓋瑞市（Gary）、芝加哥（Chicago）以及辛辛那提（Cincinnati）。本書關心的不是那些培養學生掌握某項專門知識領域的學校或課程，他們的目的很簡單，亦即為某特定行業或產業培訓專業人才。誠然，至今在我們國家中，大部分的產業教育實驗，都嘗試以社區中最大的技術產業所提供的材料作為基礎，培養學生為這個領域或行業工作。但是，無論在何種情況下，對教育和社區福祉的真誠關懷，才是促成我提出這項教育實驗的最大原因，而上述現象並不是我的工作對象。

教師的興趣不在於任何一個產業的福利，而在於社區青年的福祉。如果一個社區的物質繁榮幾乎完全歸功於一個或兩個行業，很顯然的，社區個人福利便與這些行業密切相關。那麼，帶著這項教育目的——希望孩子能夠展現他們的能力與智慧充分運用環境，則在培訓過程中，就會自然而然使用這些產業資源，這當然是最方便好用。然而，公立學校教育的問題不是為哪個產業培訓工作人員，而是要運用兒童周邊整個環境資源，激發兒童工作的動機和意義。

蓋瑞市比其他任何一個地方都做得更完整。學區督學沃特先生（Mr. Wirt）堅信為兒童提供體能肌肉訓練與感官訓練的重要；他捨棄人為設計的運動，而是讓孩子完成他們的父母自己也需要動手做的相同事情，在日常生活工作中鍛鍊肌肉技巧和良好的協調。蓋瑞市裡每一個在他眼前的男孩和女孩，都在學校裝備精良的工作室裡，只要他的年紀達到可工作時機，就在老師的指導下進行修理工作。這些工作室不能說是一種不必要的奢侈品，因為那些專門從事某些工作的高中生會來使用，而且也提供夜間和夏季學校的職業課程使用。

就這計畫的成功面而言，學校管理階層說：「當你提供了一個工廠，每天八小時，孩子們可以在其中工作、學習和娛樂，那麼我們就可以簡單想像，孩子們在專業大人的指導與協助下，必然能夠承擔學校廠房的設備和維修的責任。這麼一間為每個兒童所設的產業或商業學校，完全不需要納稅人額外增加付出。」

小學階段的前三個年級的孩子，每天花費一小時進行動手訓練和繪畫，這些手工操作形式簡單，不需在工作室中完成，而是在特別配備的教室裡，在訓練有素的老師之指導下進行。學生塗鴉、繪畫、玩粘土、縫紉和作簡單的木工。四年級到八年級學生，則每天用兩倍的時間在手動訓練和繪畫上。孩子們進入工作室，既是幫忙者也是觀察者，如同在科學實驗室中一樣，他們學習理論、了解過程，如同學長所學。藝術作品和更簡單的手工作品，以控制好的明確訓練和技術學習，讓孩子獨立解決問題。

因為小孩對創造非常熱愛，所以這個活動會一直持續，直到學生的年紀足以改換成讓他們選擇想要進入哪一個工作室，作老師的學徒之前。自六年級開始，孩子們已經足夠成熟與強壯，可以開始進行修復和維護建築的實際工作。在這個年級中，他們不再是觀察者和小助手，而是真正的工作人員。

在學校辦公室或園藝實驗中，孩子在指導下，分發學校用品、保存學校紀錄和照顧土地，也在工作室中學習建構東西，粉刷或修理電燈。學校的暖氣系統也是學生的實驗室，徹頭徹尾以實用方式學習加熱和照明原理，因為他們在工廠裡完成大量相關的工作，能力足以使得這些系統順利運行。

工作室與科學課實施三分之一學年，另外還有一個短期的五週課程。學生們根據老師的建議，選擇他們想要去哪個工作室學習；如果在五個星期結束時，他們發現不喜歡，也可以更換工作室。在一學年中，他們必須更換兩次工作室。通過這種方式，工作本身就不會喪失其教育特質，而淪為只是一個製造少年工人來幫學校維修的方式而已。一學年參加三門工作坊課程，提供學生在理論和過程上如何工作的表淺知識。是的，確實應該如此，因為學生們不是要學習成為木匠、電工或裁縫師，而是要了解生活中工作是如何完成的。

從這一件事到另一件事一樣，學生盡其所能學習這個年齡的孩子所能了解的產業理論，同時包含全面肌肉和感官訓練。如果成長中的孩子長期限制在同一種類型的肌肉活動中，對他們精神和身體都是有害的；為了順利成長，學生必須進行工作來鍛鍊整個身體，這會帶來新的問題、不斷教他新的事物、從而發展推理和判斷的能力。任何體力勞動只要變得徹底熟悉和自動化，就不具有教育性質了。

在蓋瑞市，來自東歐農業區的新近移民孩子，有更多機會準備他未來的職業。確實，孩子身為接受教育的美國人，在這個環境中找到自己，也為這個環境學習能力。從他進入學校那一刻開始，無論是托兒所、幼兒園還是一年級，孩子與教導他的大人在一起，他們充滿熱忱，協助孩子看到事物如他們所見，並且教他如何做事。孩子在托兒所裡玩玩具，同時大人教他控制自己的身體；在被照顧中，他不知不覺地學習到衛生和正確生活的原則。在幼兒園裡，孩子持續接受培育，讓成長中的身體進行有用的和準確的動作與協調。

小學的前三個年級，教育重點在閱讀和寫作，透過來自書本的理論知識，奠定好基礎。他的體能增長在操場上得到充分發揮，每天花費大約兩個小時的時間，以自然天生的方式全身運動與發展，可以玩到讓他好好滿足遊戲的渴望。在相同的時間裡，學校的謊言已經開始了，第一步就是具體的職業培訓，為了他將來可以謀生，這也是生活中的麵包與奶油。學生學習處理文明基礎上的材料，如同過去原始人一樣，因為這樣做也才適合這個年齡的技能層次和理解程度。在小小手織機上，織一塊粗布；用黏土製作熟悉的盤子或其他物件；用蘆葦或酒椰製作籃子；並用鉛筆或油漆開心地繪製美麗的事物；用針和線，為自己縫製包包或圍裙。所有這些活動，都在教孩子開啟第一步，如何製作我們生活中的必需用品。編織和縫製使他了解我們的服裝如何製作；透過造型和繪畫把這些作品變得更有藝術美感，教導他除了必要的自我表達之外，即使是生活中最簡單的事物也可以變得美麗。

四年級時，學生停止製造獨立沒有關聯的東西，製造這些東西的價值完全在於製作過程上，但對孩子而言，價值在於有不有趣。學校仍然花時間培養孩子們可能擁有的藝術能力，也利用他們的音樂和藝術發展，培養天性中的審美能力。但其餘的手工工作，則走入了更進一步的職業轉向。手工職業的學習時間都花在工作，或產業中密集與有用的工作上。學生此時對遊戲不太感興趣，所以他們更少時間玩，更多的時間做事。女孩進入裁縫部門，以製作自己要用的物品之心情，學習縫製。她年紀還小，也許剛開始無法完成時間長又辛苦的工作，所以在前兩年以觀察者和助手的身分學習；七年級、八年級或九年級時，學習工作完成所需具備的理論。女孩可以選擇縫製衣服，作為她的第一門課；但在三個月結束後，她必須換到其他部門，也許幫忙學校做午餐，並在接下來的三個月裡，學習有益健康的食品和食品化學。或者如果她喜歡畫畫，她可以把全部時間放在工作室，以發展她的才華。

同樣的，男孩也進入他選擇的工作室，完成三個月的學習。在木匠工作室裡，他的年齡真的足夠為自己製造學習過程中，所需的一些簡單物品。如果他選擇鍛造或鑄造工作室，他將有機會幫教育部門為馬匹製作馬蹄鐵，或幫助學長將鐵架的模具製作成學校課桌。透過這些方式，他會知道鐵在日常器具上有這些用處。五年級和六年級時，幾乎所有的男生都至少學習一門商店管理課程。他們會與學校警衛一起清點儲藏室；隨身攜帶清單、打開包裝檢查來自工作室和學校外部的材料。由於學校各部門都需要這些東西，他們從辦公室拿到請購單後，分發材料，且登錄在帳冊上。他們學習實用的簿記方法，負責讓供應部門的工作順利進行。當他們了解所有材料的成本，以及維護材料與分配材料的方法時，就會清楚一個城市如何花費人民的稅收，也學會商店裡的一般商業方法。男孩和女孩都可以學習初階的簿記和辦公室管理。學校中，他們也進入所謂的學校銀行，並記錄學校所有學生的商店工作所得。

學生在畢業之前，必須在學校工作室完成一定時數，且令人滿意的工作。為了適應每個學生的需要，學分的計算並不取決於三個月課程的出席情況而已，每個工作室老師都會根據學生在完成工作時花了多少時間，來計算學生獲得的學分數。工作率是標準化的，因此所有學生都得到平等的培訓。做得慢的學生，以他所完成的工作件數來採計，不管他花了多少時間。做得快的學生，也會得到他所完成作品的學分，即使他的工作量已經超過平均水準了。一個學分有固定數量的標準工作時數，學生可以獲得學分證明。當他有八張學分證明時，便表示他已經完成蓋瑞市學校職業部門，所要求的畢業門檻。所有學分證明的保存以及工作紀錄，由學生自己完成，而這些都是在優秀學長的指導下進行。

從七年級開始，學生就是所有工作室的負責人。一位知道自己終有一天必須離開學校的學生，八年級結束時，就要開始在某個部門的工作室中，專攻一種專長。如果他想成為一名印刷工作人員，他可以在學校的印刷部門工作一整年；或者如果他對辦公室工作有興趣，他可以將所有的工作時間花在簿記部門。女孩們開始負責午餐，處理所有採買食物與擬定菜單的營銷和計劃，並做好簿記的工作。縫紉工作在產業中也愈來愈複雜。女孩學習模版繪圖和設計，也可能修習製作女帽的課程。在辦公室工作的學生，開始擴展到學習速記、打字和一些商業方法。藝術工作的學習，也擴大到設計和手工金屬。

普通高中與高中職業部門，所學的能力，沒有什麼差別；唯一不同的，就是隨著學生年齡的增長，職業部門的學生自然而然會開始專注於他的生活工作。職業部門的年級與普通高中完全一致，學校採取健康的態度，即有意從事木匠或粉刷工作的男孩與想要上大學的普通高中男孩，在學校的時間一樣多。結果是非常高比率的學生，繼續往更高的學制學習。

大城市勞動人口子女的普遍看法是，只有那些想成為老師的人，需要在十四歲以後還繼續留在學校；如果離開學校到工廠或商店工作，也沒有什麼不同。但從蓋瑞市的孩子開始上學的第一天以來，他已經看到男孩和女孩在高中的最後一年，仍在學習如何完成手邊已經在進行的工作，或許他最終還是希望能夠工作與上班。他知道在工作坊裡的學生比起他有更大的優勢，他們會賺更多的錢，獲得更高的工作等級，而且做得更好。通過學校工作坊中的理論課，他對自己選擇的行業的範圍和可能性，有了一個大體上的想法，更重要的目標是，他知道在這工作上還需要學習多少事情。他熟悉該產業中工人的統計數據，了解不同技能水平的工資，以及外加培訓對人的影響到達哪個程度。在所有這些信息和展望上，很少學生中途離開學校，這並不奇怪；相對而言，有很多不得不離開學校的人，還是回來參加夜間或週日的課程。

經過高中四年洗禮的蓋瑞市學生，無論他是否要上大學，都知道他正在做的工作之目的。如果他想進入辦公室工作，那麼甚至在他獲得文法成績文憑之前，他就要開始規劃自己如何走向這個目標的路程。但他的第一步，並不是採取任何捷徑來獲得在辦公室中工作的能力。他正在學習完成所有必要的工作，以給自己盡可能廣闊的前景。他的學習有打字和速記、簿記和會計，以及檔案等方面的訓練；還有充足的英語、語法和拼寫練習，以便他能夠做好自己份內的工作。學習中還包括歷史、地理和科學，這樣他就會發現自己的工作很有趣，而且獲得一般知識的背景，豐富他一生。

準備上大學的學生，為入學考試做了必要的學習；除此之外，還有大量的手工工作。目前大多數高中生並沒有這樣的時間。對於那些用大腦工作的人來說，知道工廠工人如何完成他們正在做的事情，與工廠工人知道他正在使用的機器模板是如何畫出來的，以及工廠電力供應的原則，同樣重要。在蓋瑞市學校，所有工作不管怎麼看，就是一種職業（vocational）。在學生離開學校之前，他有機會學習到大量專業中的任何一個具體過程。但從他上學的第一天起，他一直在工作；工作教導他，社會環境中的物質世界的使用動機和工作原則，以便他所進行的任何工作，都會成為一種職業。這是一個生活的召喚，不是僅僅為了薪水而例行性的參與。

所有完成的工作成果相當豐碩，培訓學生的價值令人讚許。所有的工作室都是蓋瑞市學校的製造工廠；學校辦公室也是商業學校的實驗室。在製衣或烹飪工作室中，女孩們縫製他們需要的衣服，或者做自己的和其他人的午餐。科學實驗室裡，學生利用工作室中的作品來說明理論。化學是食物的化學，植物學和動物學包括照顧校園和動物。繪圖包括服裝設計和家居裝飾，或手工金屬工作室裡的模板繪製。算術課程為他們的木工課程解決問題，而英語課程強調學生們在印刷室工作時的所需與注意事項：通常是段落、拼字和標點符號。

合作的結果是，讓書裡的知識工作起來，比把時間放在書本上更好。對大多數人而言，實際的世界是真實的；但是當它與行動的世界建立聯繫時，思想的世界變得趣味盎然。因為工作是真實的工作，學校的政策就是不斷提供機會，來滿足個別學生的需求。根據職業和學術部門的描述，快速、慢速和普通工人的分類已經完成了。它可以讓學生在準備好時，便開始工作，而不會被他的同學向前推促或被阻止前進；慢速的工人可能會像快速的工人一樣學習得那麼多，而後者反過來也不會發展出無能的習慣，只因為沒有足夠的工作讓他完成。但如果有任何理由，學生不符合任何的分類結果，他也不會被迫驟下結論，學校沒有給他位置。如果有學生不適合坐在書房裡和書桌前，人卻來學校了，那麼學校會讓他所有的時間都在戶外學習，老師會協助他，讓他變強壯。

相同的，雙校系統使得算術能力弱的孩子能夠趕上同學，而不影響他在其他學科的位置。很簡單，他就是需要以兩倍的時間來學算術。而在工作室裡，能力弱的學生只是需要更長的工作時間，但由於他的進步並不與班級的進步綁在一起，所以也沒有什麼區別。覺得自己討厭學校的學生，或者覺得自己很笨無法繼續學習的學生，都不會受到威脅和懲罰。老師很自然地認為，那一定是他的修課計劃有問題，他會跟著學生一起，在學生的幫助下，解決問題。

那些沒有清楚理由就想盡辦法匆忙離開學校的孩子，都會被告知，他可以隨時回來，也可以把全部的學習時間放在他喜歡的事情上。通常學校會贏回學生，因為只要他在最喜歡的工作室或藝術室裡，工作了幾個月後，他就會發現自己需要更多書本知識，才能繼續留在那裡，因此他會要求回到他的年級。

大量的外國學生也是如此，讓學習更有效率。新來者，專注於英語、閱讀和寫作，直到他能夠進入適合自己年齡的年級。而那些預期來校不久後就要去工作的學生，不管年齡和年級，都可以進入最符合他需要的班級。

學校內部如果有一些由於工作室的規則，或是部門主任的指示，而無法由學生完成的工作，也不會從外面雇人來協助，而是由學校中對此類工作感興趣、準備畢業的學長來完成。學長會在這個職位上做幾個月時間，直到他在這個工作沒有需要學的，或是他在校外得到更好的職務。這些學生助理的薪水比他們進入真正辦公室的收入略低，但這計劃的目的，是為了讓學生接收學校的影響與學習，同時賺取薪水；否則他必須離開學校才能賺錢，而未能完成必要的技術訓練，這是很可惜的。

蓋瑞市很幸運地能夠從這樣一個全面性的教育系統開始，以接近完整的形式在所有學校開始實施，因為這個城鎮一下子就被建立起來，從一片廢棄沙丘變成一個繁榮小鎮。但許多其他城市也愈來愈強烈地意識到，必須將他們的課程更緊密與學生的生活聯繫起來，為兒童提供一般的訓練與對人生的願景。這些培訓和人生觀，將協助他們在長大成人後適配這個世界，找到自己的位置。

最近芝加哥的學校系統中，有一些學校引進職業工作，而一些技術高中除了進行貿易培訓外，還開設了職業課程。當然，像蓋瑞市這樣精密的設備，對其他學校而言，如果各年級學生不使用工作室的話，就很不實際。蓋瑞市內有二十個以上的正規學校，已建立木工工作室、烹飪室和縫紉室，以及科學實驗室。每一所學校都有一個花園，讓學生學習如何進行實用的城市園藝。孩子的時間從四分之一，甚至於到二分之一，都花在手工培訓上，而不是如城市裡其他學校的八分之一時間；但在其他方面的正常課程，也在運作。學程改變之前，那裡學校的老師有信心學生們在所有學習時間下，不僅能夠學習他們原來就必須完成的書本功課，而實際上還完成更有品質的工作，純然是因為動手做事帶來的動機。

學校提供的課程並不是完全一致，但大多數學校提供機械製圖、模板製作、金工、木工、印刷課程給男生，縫紉、編織、烹飪、女帽、洗滌、和一般家庭製品給女生。男生和女生都有設計、陶藝、書籍裝訂和園藝。不同學校的學程多少都有變化，以滿足社區的需求或是學校本身的資源；但是各學校內所有學生都有一些共同必修，所以當八年級學生畢業時，他已經擁有很好的初學者知識，了解兩、三個產業原則和流程。這項特別的工作，是從音樂和藝術的正規工作中補足得來，和縫紉、編織、以及陶器的基本工作歷程，一起構成了校內低年級學生的作品。培訓的目的是，讓孩子在自己的社區中發現生活的線索，了解提供人們日常需求的職業內含的基本要素；教他一些需要技巧的貿易，但並不是要將他限制在這社區的產業裡。

芝加哥有五所技術高中（technical high school），四所男校，一所女校。這五所和其他三所學校，都有「職前教育課程」（prevocational courses）。適用於已經達到法定離校時間的學生，但是他們的學習課業工作等嚴重落後，當然身為學生不應該這樣，同時因為落後，他們自己也想要留在學校。這些課程再次證明，培養城市孩子日常生活的務實事情，是多麼有價值。進入職前教育課程的男生和女生，絕不是有什麼大缺失：他們只是因為小學時候某些原因——無法與同學相處得來、健康狀況不佳、不得已的原因得轉學，或因為一般課程對他沒有吸引力，他們沒有辦法專注在課業上。

職前教育課程包括六年級、七年級和八年級，大部分時間在培養他們動手學習技能。然而，書本學習也沒有被忽視，老師依舊協助學生維持他們的教育水平與普通學校標準相同，儘管他們並沒有涵蓋那樣多的基礎內容。比起職業文法學校（vocational grammar school），他們所學的又更多樣化，因為有高中設備可用。此外更進一步，他們的企圖心也因此被激發起來，大部分學生又為自己增加額外工作，並轉學到正規技術高中；儘管他們之前學習落後，但後來他們的表現和一般學生一樣。如果就以前情況來說，他們根本不會有人繼續讀高中。

女子技術高中與職業文法學校所學的一樣，且更徹底，以便學生畢業後已準備好，得以接受某個產業的工作。烹飪課包括學校午餐室工作，以及市場營銷、廚房園藝和一般家政方面的培訓。職業類課程有大量烹飪課、家庭管理課和餐飲經營課。縫紉課部分，女生學習如何縫製自己的衣服，而且是優秀服裝業的等級；如同女生們所希望的，她們也要學習機器操作。更多的進階課程，教學生模版製作和設計原則，這是工作室的召集老師所要求的。但是，最重要的差異在於，學校強調女性傳統職業中的藝術面向。女生學習設計服裝的同時，學校也教授繪畫；如何讓家庭的布置賞心悅目，成為家務部門的重要問題；藝術部門也布置了一個樣品屋。任何一件作品的圖案和顏色，無論是繡花、正式衣裝（dress）、陶器還是編織，在進入工作室之前，這些技術的核心部分，都是藝術部門學生要仔細認真學的內容。女生不是簡單地學習如何更有效處理家務勞動而已；他們學習的是如何提升這項勞動差事，成為一種專業。

男子技術高中的職業課程延續一般普通學科的內容，但讓他們在設備精良的工作室學習。有印刷、木工、鍛造、金工、機械製圖和機械工作室，全都得到美術部門資助，也確保得到一般性的培訓。文法學校中職業課程（vocational courses in the grammar schools）的目標是幫助學生預備好自己能力，面對未來真實生活中，他們身旁的各式工作領域。在蓋瑞市，如同其他地方一樣，工作是文化性的。這些課程把男生帶回來學校學習，促使一些學生的學業趕上同儕。這些成功，強烈說明了學生確實需要學校至少提供一些課程，連結日常生活中的活動。

技術高中開授兩年制的學程，讓無法負擔在校四年的孩子有另一個選擇。他們設計學程培訓男生一個特定的職業，而且這兩年的學業很寬廣，足以讓學生結業之後——如果還有興趣——未來可以接續更精進的學業。

在藍恩學校中（Lane School），兩年的課程包括板模製作、電器、印刷和機械繪圖；所有課程還有英文、商店算術（shop arithmetic）、繪畫以及物理。四年制的學生，根據他們期待未來要作什麼，選擇三門課的其中之一。技術課程是為學生上大專（college）而準備，建築課程預備他們在建築師事務所的工作，一般貿易課程預備立即進入產業。在學校的前兩年，學生學習一般科目，後面兩年則大部分時間都投入工作中，直接連結他所選擇的職業。為期兩年的課程，並沒有減少學生到校的出席狀態，因為他們為學生提供了連結學習與職業的捷徑，否則他們可能會在學校停留四年，沒有機會進入產業。相反，這計畫吸引了不同類型學生入校就讀，他們本來是希望直接工作的，但是看到這兩年的機會出現，可以讓他好好在選擇的職業中明確學習與培訓，否則誰願意犧牲這兩年留在學校呢？所有這些技術高中都得到一個結論，就是男生和女生都喜歡上學，並享受學習，因為他們看到所學的課程會把自己帶去哪裡。給年輕人工作，遠遠比那些去抓逃學的官員或法律，更有效地讓他們好好上學。

藍恩學校裡，不同部門的工作緊密相連，學生能看到任何一項他在做的事情與其他一切的關聯。例如，一組學生接收到解決汽油機或吸塵器問題的任務，則其解決方案中的不同元素，會來自不同教室中的學習。對於吸塵器來說，學生在能夠製造出這個機器之前，必須先學物理和電氣工作到某個程度；因為每個學生在某種意義而言都是發明者，除了設計這個機器之外，可完成很多事情。當他們熟悉吸塵器進行清潔工的原則時，他們會製作草圖，在機械工作室中討論與修改草圖，直到預測出可行的實際效果。在機械製圖過程中，學生必須針對整台機器和每個零件，畫出精確的圖樣；而圖樣的模板就是從模板工作室學來的。學生製作自己的模具和鑄件，當他們學會所有零件時，會在機器工作室和電器工作室建構真空吸塵器。汽油引擎的問題，也是以類似的方式解決；因為所有交給學生的工作，都是以它的實用性與教育性來選擇。從學通一個理論，到實驗室或教室裡栓緊最後一個螺栓，學生做的每一件事情，都與最後的真實成品相關聯。理論與實踐的連結，不僅使前者更加具體與好理解，而且避免手工工作的普通和狹隘。當學生解決完一個工作的問題時，他已增加了知識和力量。他測試了自己所學到的事實，並且知道在工作所組成的世界中，這些事實代表了什麼；他完成了一件有用的事情，以自己的感受發展出獨立與智慧的力量。

辛辛那提學校（Cincinnati School）的董事會通過給孩子們更好的教育，好讓他們對未來做好準備，這些嘗試都是從不同的角度出發。辛辛那提學校有四分之三學生，如同其他許多城市的孩子一樣，十四歲時離開學校；大多數人只讀到五年級。多是因為他們覺得必須去工作，才能幫忙家裡的經濟。當然，十四歲的五年級學生，只適合做最簡單和機械性的工作，所以收入很低。一旦在這種工廠或商店從事日常性的工作，工人想要晉升為某個產業或分公司主管的機會，是微乎其微。學校教育只給了他3R的基本學習與控制，他通常不會了解所從事的業務背後的理論或實踐。他很快就會發現，自己處於一個沒再學習的位置。只有非常傑出的人，才會繼續教育自己；並在這種條件下，繼續往前努力，達到可以獨立或負責的地步。那些在最低下的工作等級中收入窘迫的人，也不會在公民生活中表現出太多精力或智力。

辛辛那提的學校實驗在於實施手工和產業培訓，目的是要讓學校多做點事，來彌補這種不良的後果：一種方法是，讓學生在任何可能的情況下，都渴望留在學校好好學習；如果無法實現，也給他可以在職進修的機會。

俄亥俄州的法律規定，孩子必須在學校直到十六歲，除非他們去工作，學校會發給一個證書，許可他們為雇主做人生第一個職務。許可會隨著每個職位的改變而更新。因此，學生一直待在學校，直到他找到工作。如果因任何理由說謊的話，學校會立刻聯繫他，並且要求他回到學校。市政府還開辦進修學校（continuation schools），大多數離開學校的十四到十六歲的學生，每週必須回到學校上課數個小時，接受他們正在從事的工作的理論指導。從事結帳的女孩要學習商務英語課程和相關算術課程，好讓她可以應用在工作上；也學習銷售課程，並接受一定數量與她的特定行業有關的一般性指導。十六歲以上的學生，可以自願繼續進修，任何商店或公司都能夠使用學校的設施與課程，讓他們所雇用的員工學習更多貿易理論，以提高工作效率。

對於不能重返學校的員工來說，這些進修課程無疑提供了最大的價值，但進修教育其實也無法讓他掌握當前的問題和狀況，使他能夠明智地選擇什麼是最適合自己的工作。進修教育以這種協助他改進的方式，召喚他，但這個召喚也可能只是個偶然的選擇。進修教育的功能是彌補孩子的不足，多多少少因為他這麼年輕就離開學校，成為一名賺錢的工作者。

辛辛那提學校正在徹底進行一個合作試驗計劃，對於教育來說，不是一種臨時墊檔的想法，而是企圖要有更多獨特的貢獻。至今為止，這計畫證明它非常成功，給我們極大價值的啟示。它比任何其他職業計劃，都還更能利用社區中最重要產業的教育價值。城市裡的工廠商店，變成學生的學校工作室。在實驗第一年，該市許多大工廠都表示願意進行合作。這項合作非常成功，許多工廠都很踴躍以這種方式雇用他們的初階員工。從某種意義上說，此計畫回歸到過去製造手工業盛行時的學徒制；學生們在製作過程中與工作室條件下，學習手工技能與必要的實務，並且也賺到了薪水。

當計劃進一步開發工廠和商店時，他們也不是唯一的社區機構，為城市學童提供實驗室。城市的社區大學也將展開計劃，讓地區內的理科學生可在城市醫院工作，護士、廚師、房務員或簿記員，還有工程和建築學生，也可以在城市裡的機械商店和辦公室（draught-room）中工作。城市政府部門也盡可能成為學生的工作室；他們不能為學生提供需要的工作機會，但學生會在達到教育委員會規定的標準時，進入辦公室、商店或工廠。到目前為止，這個計劃只提供給城市中，有參加高中技術課程的男生和女生。學生的工作必須與城市裡任何優秀技術高中的工作相符應，學生完成頭兩年學業後，可在工作室和學校之間，以週為單位輪流工作。學生選擇一個他希望專精的工作，然後在與學校合作的工廠或工作室中獲得一個職位。他會像任何一個初階員工一樣賺得工作報酬，並且在工作室督導的指導下，負責正常工作。他一週在商業環境下工作，滿足公司的要求；下週回到學校。而他在工廠的職務，則由另一名與他相同工作職務的學生擔任。學校內的一週課程，完全用於學習理論。學生繼續他在英語、歷史、數學、繪畫和科學方面的學習，而且經由對行業的內容、所有過程、涉及的科學、商品使用、歷史、物流舖貨，以及產業歷史的研究後，這些學習更豐富了他的產業經驗。在工廠和工作室之間的這種輪流交替，課程最後兩年仍保持不變，在學生的大學課程期間，只要他在城市裡的大學繼續學習技術課程，也依然如此進行。

從職業指導的角度來看，比起讓學生留在教室裡，直到畢業後進入業界工作，這種方法有明顯的優勢。他在工廠的實際工作，就是這計畫要實驗之處。如果他的第一選擇是失敗的，學生也不會因失敗而自責，受到道德上的挫敗。學校的態度是學生沒有做出適合的選擇；於是學校與他合作，努力使他的第二次工廠經歷更符合他的能力和興趣。我們仔細記錄了工廠裡的學生工作以及他的課堂作業，並且研究了這兩份紀錄；這些紀錄並不是單獨存在，它們彼此相互作用不可分割。如果他的課堂表現很好，而工廠紀錄很差，那麼顯然工廠的選擇有誤；課堂表現的性質往往顯示出學生所應該走向的那種工作。如果所有的表現都平平，那麼改變成另一種實際的工作，往往會導致理論的學習明顯改善——如果這樣改變是正確的話。學生有機會測試自己的興趣和能力，看看他的判斷是否正確；如果不正確，他有一個科學基礎來形成另一個較正確的判斷。

這個計畫並沒有從產業的角度來進行；也就是說，學校的目的不是在培養產業中完成兩年學徒的員工，而是在品質的程度，為特定的領域，培養符合資格的技術員工。這計畫的目的，是讓學生了解貿易和產業的實際情況，這樣他就有了最終智慧選擇的標準。學校課業是這種選擇性培訓的必要組成部分，因為這對於男孩的興趣和傾向的指導，正如同他在任何一家商店成功的指導，都是一樣。而且這計畫把學生的判斷，從僅僅兒童式的喜歡或不喜歡的平台，提升到以理論為基礎的知識性的判斷。對於那些真正知道自己想要什麼，並且渴望繼續精進的特殊學生，這個計劃提供了明顯的優勢。渴望工作的願望，可在他於店裡的幾週實習中得到滿足，而在課堂上，他正充分了解產業更高角度、更廣向度的可能性，使他認識到外加理論培訓的價值，滿足他自己的實務目的。

這項計劃剛實施的第一年，許多工廠起初漠不關心，後來因為計畫的成功，要求以這種方式接收學徒，另有一些學生決定上大學，也沒有此意圖，便把所有時間放在學校裡。女生的技術課程，只包括傳統認為屬於女性的職業，因為她們與家庭事務有關聯。她們可能會繼續留在學校四年，學生在實務上學習整修女帽，製作自己的衣服，一些商業烹飪、購買、銷售和相關的簿記；或者在最後的兩年，她們可能像男生一樣每週在商店和學校輪流工作。到目前為止，女生只進入女帽或縫紉機構，她們的工作方式與男生在真正產業情況下的工作是一樣的。女生的工作目標就像為男生一樣，是協助她找到自己的生活工作，在精神和道德上適合她自己，並使她對自己的專業和社區有一個明智的態度，工作室的經驗本身不是目的，而是達到更高目標的方法。

第十一章　民主與教育
Democracy and Education

本書於前文所描述的這些學校，之所以選擇進來，絕不是因為他們代表了我們國家目前最好的學校，而單純是因為他們既能描繪出近期教育趨勢，也是因為他們又能代表多種不同的類型。礙於篇幅，本書決定省略其他典範。不過還沒有人好好談論偏鄉教育的活化運動：此運動擴及範圍很大、目標完整，超越過去之所能做的，因為它想要翻轉偏鄉老師因地處偏遠所造成的不利處境，也想要運用自然環境，讓學童接受技職教育（就像城市學校運用人造設計的環境一樣）。除了教師的工作描繪出更大的教育原則之外，很少人關注個別老師或學校也很努力，希望有效傳授傳統課程。而就算這些策略與巧妙方法對於學生的影響很有建設性、也讓老師得到啟發，但他們所做的是把傳統教育一般性材料進行更好的運用，與本書理念不相合。

我們關注的是更本質的改變，意思是讓學校發現自己的工作，是讓學生為未來做準備。在學生群中，想走學術之路而又可以從家庭得到實際訓練的人，真的太少了，如果學校讓所有學生與他們一起接受同樣的教育，實在是不智之舉。本書所舉例的學校都反其道而行，辦學目的不為少數學生，才符合民主社會的真正需要。

這些學校都相信現代教育的新思想，不過他們發展出的方法非常不同。就相信民主問題為真實狀況的教育者來說，最重要的是連結孩童和環境，愈完整靈活愈好，這不只是為了學生，也是為了社區。每間學校所處的環境、班級人數、社區狀況、教育者本身的個性與信念都不一樣，需要因地制宜，以達到相同的目標。不過，就算學校彼此差異很大，卻總有些異曲同工之妙；密蘇里州哥倫比亞市（Columbia, Missouri）的馬立安先生（Mr. Meriam）的計畫，就和芝加哥公立學校的課程不同，但只要分析看似極端歧異的觀點之背後理念，就會發現他們有著一些共通之處，遠比相異之處來得更根本。這些共通處之所以重要，在於它們指出一條教育改革的方向，也在於它們源自於現代科學、心理學研究結果，所帶來對於世界的看法。

有趣的是，這些學校的共通點大部分都和盧梭的理念相似，而盧梭倡議的也是最近才脫離純論述範疇。他們信念的第一點，是重視學生的健康。確保學生健康，才能打造任何其他能力；若不論學生身體狀況而強加傳授，則不會有任何效用，這個觀點至今已經是常識。社區若要成功，需要加倍關注健康，不管從個人還是從社會角度出發，它都一樣重要。

雖然所有學校都了解學生的健康很重要，但他們不見得清楚，如何讓學生在學習活動中同時促進健康。教育的先驅就知道孩童多會透過自己的身體學習，也知道若不身心相輔相成，就無法確保學生的基礎智能。這其實只是重申盧梭所說的：孩童教育取決於他有沒有「自然發展」。

蒙特梭利教育系統裡，強森女士同樣重視身體發展對孩童智能的幫助，肌肉協調是發展的關鍵。一個嬰兒要投入去理解他周圍最熟悉的物品，仍需要大量的動作、掌控和感覺，其實孩童和大人學習的心理機制是一樣的。當人類能夠說話與走路之後，工作的方式就沒有不同了，唯一的不同只在於大人能透過基礎能力，學習更複雜的活動。現代心理學已經指出人類的本能是他學習的利器，而本能又透過身體彰顯。因此，若教育壓抑身體活動、壓抑本能，也就壓抑了人類最自然的學習方式。為了運用最自然的學習方式，本書描述的學校，都用學生的身體活動，來帶動他們的身體發展，更進一步訓練學生的判斷和思考。

簡單來說，學生就是在「做中學」。除了心理學上支持以這個方法來教育之外，重視孩童健康的意識抬頭，因此邏輯上也造就出教室內教學內容與教材的轉變。

學生做什麼可以幫助學習呢？單純活動身體而沒有明確目標，或許可以增強肌耐力，但不會對學生的心智發展有什麼影響。不過，書中所描述的學校例子，儘管他們遇到的問題有所不同，都有共通的答案：學生一定要經驗有教育意義的活動。有教育意義指的是，能重新創造真實生活的情境，不管教學內容是什麼——可以是幾百年前的歷史，可以是算術，可以是刨平一塊木板。學習活動必須是真實的，活動的主要目的和細節都要符合真實情況，不管學生是在寫劇本，還是在建造一艘維京船。

當學生在做中學，他在身體、心智都重新體會了人類史重要的經驗；他體會了那些原創起頭的人在完成這些事情時候，所經歷過的心理歷程。而因為他做過了，所以他獲得這份經驗本身的價值，也就是真實世界中的事實。反之，若只是一句事實陳述，就算它所敘述的是真的，也無法傳達那件事實的價值和真實性。若學生只是被餵食書本知識，每一個事實都與另一個事實一樣美好，他無法區別一行行的「事實」、他學不到判斷的標準、也不知道相信的標準。

舉例來說，若一個孩童在學習重量的測量，他從書本上得知，8夸脫（quart）等於1配克（peck），但當他在做題目時，他很容易把8當作4——很多老師常遇到學生這個迷思概念。很明顯的，他在書上讀到的知識，沒有應用在書本之外，所以不管他最後是記8夸脫還是4夸脫，都只能靠運氣。相反的，若是雜貨店老闆的兒子，他就會真的**知道**，因為他測量過，他測過配克。如果誰說「4夸脫等於1配克」，他一定會嗤之以鼻。這兩個例子有何不同？第一個例子中，學生直接拿到結果，卻沒有經歷過得到結果的過程。而對於雜貨店老闆的兒子，這是事實、是他經驗的結果、是有價值的。

所以，若有人認為學校裡的實作活動只有實用價值，那就大錯特錯。實作活動是必要的，不管目標是讓學生理解老師所教授的內容、或讓學生真的吸收知識、還是讓學生培養出判斷和比較的能力。對大人來說，日常生活中的實作活動，有時的確只是為了滿足生活所需——太日常、太重複，以致於這些活動失去了身為人類智慧的價值。但對孩童來說，完全不是這麼回事。舉例來說，當孩子自己做飯時，不只是在填飽肚子，而是在學習一連串的新任務。他會從食譜中學習如何精準測量，而成品的成功與否，就是最直接的測驗。他從測量中學會算術和單位，從混合食材中學會物質變化，從蒸或煮中學會物理和化學的基本原理。這些完全不是浪費時間，只是當大人在做這些事情時，已經把相對應的肌肉和腦力調整過，完全熟稔這些程序，使得一般人容易有一個印象，以為不要讓孩子浪費時間去做這些微不足道的生活事情。

回到前述的雜貨店老闆兒子，他知道1配克是多少，因為他測量過。但如果他只是重複一樣的測量，他不會有新的學習，探索就會漸漸停滯，取而代之的是機械化的重複。這裡就是學校可以著手之處——確保學生的學習持續。學校可以判斷學生在這項任務上學習得夠了——他知道如何完成任務，也理解執行過程中所需要的原則或事實；那麼，他就可以繼續下個經驗；下一個經驗會教他其他價值與事實。當學生學會如何照著食譜料理、如何處理食材、如何用烤箱，他不用一直重複一樣的步驟；他可以延伸到更廣的烹飪，如食物的價值、菜單、食物價格，或烹飪的化學原理。這時候，他在烹飪上的學習持續著，而廚房則成為實驗室，讓他研究這項人生的基本要素。

教育的主動與活躍形式（active form of education）中存有道德優勢，會進一步強化教育在智能發展上的強處。目前為止，我們已經看到這種教學方式必然促進學生更大的自由，而這份自由可以刺激學生的智力和品格。同時經驗過實作活動和傳統講授的老師，就可以體會到箇中差異。傳統講授強調書本知識的累積，這時記憶力就成為關鍵的學習工具。為了增強記憶力，學生需要刺激；重點是只要他記得知識，不管他是用書上的句子還是他自己的話，都可以。結果就變成只要學生記得，他就會被獎賞；反之，如果記憶不成功，他考得很爛，就會因這個失敗而被處罰。重心變成學生學習結果的外部成功，而不是他在學習過程中完成了什麼工作。而因為沒有任何表現算完美，失敗就變得普遍；學生得一直對抗永遠達不到別人的期待後，所產生的氣餒與失落。他的失誤會一直被指出、放大。就算他成功了，他的成就也不會特別激勵人心，因為他只是複製書本上的知識。那麼，他會學到的品格就是黑白又負面的遵命、服從與臣服，因為如果學生把自己變得被動，就比較有可能記住教師講述的內容或書上的知識。

在這個體系裡，獎賞和好成績是人工製造出來，讓學生奮力追求的頂級目標；他們讓孩子養成一個習慣，除了他們所完成的工作或是作品的價值之外，還期待獲得某些東西。學校有多麼被迫依賴這些動機，也就顯示他們有多仰靠這些距離真正的品格已經非常遙遠的動機。相反的，若孩子在做中學，他們會利用各種感官去吸收；這時要記得所學根本不需要記憶力。他們的肌肉、視覺、聽覺、觸覺和推理過程，會全部結合在一起，成為孩子學習時候的工作裝備。任務本身的成功，就是成就。他們不但不需要外在誘因或懲罰，還能學習如何為自己熱愛的事務而做。

實作活動能培養正向特質——能量、主動、原創；這些特質對世界的價值更高，高於最忠誠的服從。學生能看見自己完成任務所帶來的價值，也可以看到自己的進步；這些成果能激勵他繼續往前。就算他失誤了，也不會太挫折，因為失誤是下次嘗試做得更好的參考。而學生不會依賴獎賞，自然也不會作弊；他們沒有必要耍詐，因為他們學習任務的結果就是他們的成果。實作活動的道德價值遠高於為獎賞而做，而就算實作活動中的獨立性和活力，可能沒辦法改變邪惡的人格特質，卻能強化軟弱的特質；至於本來就強壯的特質，也不會形成那些一開始很小、後來卻很嚴重的壞習慣。

另一個當代教育改革者的共通點，與傳統教育看待學校工作不一樣的地方，是想要探索學生在學習上的興趣。學生的興趣原本不受重視；傳統角度認為，讓學生做他沒興趣的事，是一種品格上的磨練。照理來說，逼迫孩子完成一項他沒興趣的任務，能讓他發展毅力，這種學習要比其他種學習還能用來培養紀律。無庸置疑的，能夠實行很討厭的義務是很實用的，但實用之處不在於對這個任務的討厭。任務的實用價值與它們討不討喜的特性無關；任務不會因為讓人討厭或厭煩，而變得有用與必須。學校在指派任務給學生時，若只看重「紀律」，那就代表他們忽視道德價值，而非重視之。畢竟，這種傾向不過就是把東西的缺點視為美德。

然而，若「缺乏興趣」不能成為選擇課程的標準，那「很有興趣」也不行。如果我們狹義的看「有興趣」，它的意思就是「能娛樂學生」，那用這個來選擇任務也不合理。批判新教育思想的人，只要聽到「學生應該要對學習內容有興趣」，通常會預設有興趣就是有娛樂性。他們就會進一步指出，這樣的理念缺乏品格，因為它跟著學生的興致跑，只會軟化社會結構，畢竟大家都想要輕鬆一點。但事實上，新思想不是要把任務變簡單，也不只是為傳統課程裹上一層娛樂學生的糖衣。新思想根據紮實的心理學理論，所帶來的改變更為根本。孩子的學習任務改變了：我們不是要把所有任務都變有趣，而是要對孩子有自然的吸引力。其實，孩子自然會對他需要學的事情有興趣，所以我們還是認為興趣——不是娛樂性——應該是選擇課程的基礎。

大家都看過嬰兒一直重複某個動作或感受某樣東西，也看過兩、三歲的小孩興味盎然的疊積木、玩沙。他們會沉浸在其中，不斷重複，因為這些學習對他們來說是真實的。他們的肌肉還未發展完全，因此在他們能自動化之前，會不斷有意識的重複。而因為小孩需要調整移動他周圍的東西，他的興趣和需要就合而為一；如果沒有合而為一，他就無法生存。孩子在長大的過程中，快速學習、自動化、滿足自己的需求，所以我們常常忘記他學習的方法其實和嬰孩時期一樣。需要，永遠都會是調整自己的動力。調整得好，就能活得好，所以我們在本能上就會對學習如何調整最有興趣。孩子在活動身體以克服挑戰時，就是在學習如何調整自己；他需要能掌控他的物理環境才能存活。會讓他感興趣的，也就是他需要學會的事。這就是選擇學習任務的智慧，適用於任何孩子——在孩子的環境裡，選擇他們當下好奇、有興趣的事。自然而然，隨著孩子漸漸成長，他對自己身體和環境的掌控愈來愈強，就會看到並觸及更複雜、更理論的面向。

但是，同樣道理，如果教室裡學習活動所教的內容，和孩子當下所處的環境不太有關連，那麼老師選擇學習內容時，自然也就不會把孩子有興趣的內容列入考量。其實，能讓學生感興趣、覺得值得投入的，同樣需要毅力和專注力，並不亞於最嚴格的紀律訓練。後者要學生去為他看不到的結果努力，所以需要外在誘因（成績、獎賞），也需要把學生隔絕起來，讓他不被強烈的生活渴望吸引走。但如果學習任務是一個待解決的問題，解決的方法本身就會帶給他即時的成就，與令人滿足的好奇感，於是他便會聚集所有力量來工作；問題的解決本身就有著很多刺激，足以讓他熬過這個苦差事。

傳統的教育方式是培養孩子遵命和服從，給予任務要求謹慎，而因為任務是被給予的，任務本身會引導出什麼並不重要，這相當適合專制社會。專制國家的特性，就是在這個國家裡有一個領導人負責規劃和關心人民的生活和機構。但是在民主中，專制阻撓了社會和政府的成功行為。我們對民主有一個著名的簡要定義，即「政府是人民組成的，為人民而組成，以及由人民做主」，或許這是對民主社會最好的提示。社會和政府的責任來自社會中每一個成員。因此，每個人都必須接受培訓，使他能夠承擔這個責任，讓他們知道團體的情況和需求，並協助他們發展這些素質，以確保他能好好的、公平的分擔政府工作。如果我們訓練孩子接受命令，僅僅因為被告知而去做事情，卻沒有給他們信心去行動和思考，則在這個過程中，意欲克服系統缺陷，以及建立民主理想真相，無疑正在給自己一個無法超越的障礙。我們的國家建立在自由的基礎上，但是當我們在訓練明日的公民時，竟然只給予盡可能少的自由。孩子在學校中必須擁有自由，以便他們在握有控制權力成為控制主體時，能夠知道使用自由意味著什麼，在民主的濫用和民主的失敗消失之前，必須讓孩子們發展主動性、獨立性和富有資源的積極素質（active qualities）。

民主與教育之間存有聯繫，也許當前教育趨勢中最有意思和最有意義的階段，就是去實踐這個聯繫。它說明了人們對大眾教育的興趣愈來愈大，並且對科學和心理學所勾勒出來的論點，形成強而有力的支持。毫無疑問，教科書的教育方法非常適合那些小團體的孩子，他們誕生與安置在一個不需要煩惱實際生活是什麼的環境，同時又對抽象思維感興趣。但即使對於這種類型的孩子而言，他要如何掌握知識，教育系統仍有一個大缺口；智力發展過程中，並沒有賦予「行動」一個應該扮演的角色，僅是就著學生的自然傾向來發展，對於抽象思維較弱的人而言，並沒有培養其如何發展務實的素質。絕大多數人的興趣並不走抽象的路線，他們必須通過實際的工作來實現自己的生活，通常以雙手進行實際工作時，我們需要提出一種教育方法，來彌補在生活上、在純粹知識理論與手工實際職業之間的差距。隨著民主思想的傳播以及隨之而來的社會問題的覺醒，人們開始意識到，無論他屬於哪一階級，每一個人都有權要求教育應該滿足他的需要，從國家本身來考量，國家必須提供這種需求。

直到最近，學校教育只滿足人類以下這一種階級的需求，就是那些對知識本身感興趣的人，如教師、學者和研究人員。對於用雙手工作的人來說，培訓是必要的，這個想法還是很新，以至於學校才剛剛開始承認對物質生活事物的掌控，完完全全也是知識。學校一向忽視數量最大的另一群人，全世界都依靠他們供應我們日日生活必需品。其中一個原因是，民主本身是一個相對較新的概念；在它被發明以前，大多數人的權利——那些用他們的雙手工作、付出更大心靈需求的人——從來沒有被認可。他們的功能，也幾乎是他們存在的理由，就是照顧統治階級的物質需求。

過去一個半世紀以來，發生了兩個巨大的變化，改變了人們的生活和思維習慣。我們剛剛已讀到，其中一項是，民主理想的發展如何要求教育進行改變。另一方面，科學發現帶來的變化，也必須反映在教室裡。如果將所有歷史信息拼湊出發現蒸汽機和電力之前的社會粗略圖像，那時的社會樣貌完全難以充分說明，這些發現與發明所帶來的根本變化。從教育的角度來看，最重要的改變是，「事實」的數量驚人地增加，對於每個想要成功擁有一般生活狀況的人，這些事實甚至於必須成為他們的精神配備。可是事實性知識太多了，任何企圖想要在課堂中透過教科書把這些知識全部教導給學生，都顯得很荒謬。但是，學校並沒有坦誠面對這個問題改變課程，以便能夠教導學生，如何向世界學習；相反的，學校甚且勇敢地盡其可能教更多。這些改變增加學生消化這麼多事實性知識的負擔，也已經阻礙了發明的基模。科學所要求的是更根本的變化；這變化如何能夠奏效，便是遵循本書中提出的總體思路（general lines）。正如本書所述這些不同學校的課程所顯示的那樣，不是單獨教導引起社會變化的這些科學法則，而是還要模擬真實世界的工作，教導生活的事實，且在寫入教科書之後要記住這些事實。

如果學校要認可所有階層學生的需要，並為學生提供培訓，以確保他們成為成功和有價值的公民，則他們要給予孩子任務，不僅要鍛鍊身體和道德的強度，還要教導對國家與社群鄰居正確的態度，同時也要授予他們對物質環境有足夠的控制，使他們在經濟上獨立。這些專業的準備工作，一直是我們關懷的重點；正如我們所看到的那樣，產業員工的未來總是被忽視。現代工業因科學發現而產生的複雜情況，使得產業員工如果渴望獲得真正成功，就必須奠基於良好的普通教育基礎，以能好好學習技術，而人性的複雜也同樣促使初學者要去找到適合興趣與能力的工作。

關於總體教育原則的討論，僅限於滿足上述這兩種需求的產業或技職教育，具體的商業貿易和專業培訓問題，則完全超出本書的範圍。然而，推動狹義產業培訓相關的某些事實，總是與廣義的問題有直接關係。隨著上述直接培訓產業所需的這種概念之擴散，蓋瑞市和芝加哥學校所進行的具有教育意義的工作室模式，可能會因為商業貿易培訓而被輕忽。

有影響力的公民更容易把關注集中在他們對於技術性員工的需求上，勝過他們對普通教育的調整。前者是由他們自己的經歷所引發，也許是出於自我利益。德國將技術貿易培訓作為國家資產，推動帝國的商業競爭力。為了要提升十四到十八歲這批最早離開學校的工人，更直接和務實的方法，就是建立一個進修學校體系，而且要建立獨立的學校，直接設計以提供各式商店工作所需的技能，好讓現有的學校維持舊制，留給那些要進入高等教育、要走少動手工作路線的學生。

進修學校（continuation schools）確實有其價值和重要性，但只能治標而無法治本，僅是一個湊合的結果；進修學校所處理的這些情況，其實不應該存在。孩子們不應該在十四歲就離開學校，而是留在學校直到十六或十八歲，學校要幫助他們智慧地運用自己的精力去選擇適當的工作。學校老師以及工廠裡的工人，接觸到這些十四歲就離開學校去工作的孩子，有一個共同的理解，他們相信這背後真正理由，不是經濟上的壓力，而是不相信學校教育對他們有任何益處。當然，也有些案例是孩子喜歡上學，但為了賺錢只好在第一個可離開的時間點就被迫先離開。十四歲和十五歲孩子的工資如此之低，以至於只會對生活真的嚴重貧困不足的家庭有一些物質的幫忙。在這些罕見的情況下，通常更明智的作法，是在孩子十四歲生日之前進行家庭安排，甚至於納入慈善機構的協助。

這種無望的情況會加劇，因為這些孩子的收入增長速度慢得多，而且所能達到的最高水平也遠低於留在學校較久的孩子。長遠來看，這對孩子和他的家庭而言，得到的那一點點收益最後也都被抵銷了，而且還更吃虧。但是學生離開學校最常見的理由是，他們不喜歡學校，渴望去從事真正的工作。並不是說他們已經準備好去上班工作，或者已經完成了任何培訓課程，而僅僅是那所學校看起來非常浪費時間，不能滿足他們的興趣，所以當他們逮到第一次改變的機會，便走向了看起來更真實，似乎有明顯結果的方向。

我們現在需要做的，就是重新組織普通學校，來滿足這類學生的需求，以便他們想要留在學校，看到自己所正在學的這些能力與知識的價值。只是目前的制度愚昧又短視；進修學校確實彌補了一些不足，但仍沒有克服，也沒有讓學生達到也許遲來的智力增長，小學的失調就是對它的檢核。理想的作法是不要將學校變成現有產業系統的工具，而是要利用產業來重組學校。

商業人士的主要興趣及其在公共事務中所進行影響性活動，目的在將產業培訓隔離出來，這對民主和教育兩方面都造成相當的損害。教育者必須堅持教育價值的首位，不是為了自己發聲，而是代表社會更根本的福祉，特別是在民主基礎上組織起來的社會。產業在教育中的地位，不是快速把學生準備好為了他的個人需求。教育應該用來培訓每個學生所應該具有的理論知識之實用價值（如蓋瑞市、印第安納布利斯以及其他學校），並讓他了解所處環境的條件和制度。當這樣學完後，學生將擁有必要的知識和智慧，以便做出正確的工作選擇，並導引自己努力學習必要的技術技能。他的選擇不會被他已經知道如何做一件事，而且只有那件事所限制；選擇會依從自己的能力和天賦性向來決定。

在第一時間接收技術工人進入產業，看起來似乎是受益最多的行業，但他們往往會在未來碰到較困難的過程中失敗，因為這些員工不具備技術高中或技職學校畢業生，所需擁有的一般知識背景和更廣泛的經驗。將職業材料引入學校，而不是直接培訓該產業的技能，就環境來考量，如此作法將會調整環境狀況，大大有助於提高民主所需的獨立、明智的公民之比例。

固定階級的形成，對於民主而言是個致命的傷害。財富的差異、大量非技術工人的存在、對手工工作的蔑視、無法確保人們可以得到促使生活向前開拓的培訓，所有這些都是在製造階級鴻溝、擴大區別。國會議員與立法委員可以做些什麼來對抗這些邪惡力量，明智的慈善事業也可以做點事情，但其中唯一基本重要的機構，便是公立學校系統。每一個美國人都為過去的成就驕傲，在各種不同的人口族群中培養團結和夥伴關係，使共同利益和目標意識強過人民的階級區分。我們的生活愈來愈複雜，在同一個社會中，一端是極端的財富大量積累，另一端只能滿足基本生活條件，將使得民主的任務更加困難。如果簡單地提供一個系統，系統中所有個人相互交融便足以符合需求，日子會過得迅速且快樂。教學科目與教學方法必須積極主動地調整，以此目標為依歸。

我們必然不能讓社會存有兩個不相關的系統，這一邊服務那些閒暇父母的子女，那一邊服務每月只能賺取工資之父母的子女。以這樣的基模進行物理身體上的隔離，實不利於相互同理共感（mutual sympathy）的發展，這是其中最小的惡。更糟糕的是，對某些人過度強調書本教育，又對另一些人過度施行實務教育，導致心靈、道德習慣、理想和前景觀念，進一步分化。

強調學術的教育，會把未來的公民轉變成對於手藝工作沒有同理心，這群學生也沒有任何培訓的機會，來理解當今最嚴重的社會和政治困境。貿易培訓（trade training）會改變員工，使得他們未來可能具有更高等級以及立刻可以使用的技術，但卻沒有擴大他們的心靈，對於所從事工作的科學和社會意義，他們並沒有增加洞見，關於他們如何找出前途方向或進行自我調整，也沒有提供教育機會。公立學校體系中，有一部分以傳統方法為目標，有時進行偶然的改革，另一部分則服務那些將要進入手工產業體力勞動的人，這樣的區隔顯示出社會預定要走的方向，其實不相容於民主精神。

以機會平等為理想的民主制度需要從教育著手，從一開始就要統合學習和社會應用、統合思想和實踐、統合工作和對所做事情的意義認識。我們在本書中已經討論過的學校型態，正迅速擴散到全國各地，顯示出人人享有平等機會的理想，正在轉化與實現。

國家圖書館出版品預行編目資料

明日學校：杜威論學校教育/ 約翰．杜威(John Dewey)著；吳毓瑩，呂金燮譯. -- 初版. -- 臺北市：商周出版：家庭傳媒城邦分公司發行, 2018.09
面； 公分. --(商周教育館；18)
譯自：Schools of tomorrow
ISBN 978-986-477-519-4 (平裝)
1.教育 2.美國
520.952 107013319

商周教育館18

明日學校：杜威論學校教育

編　　著／約翰．杜威（John Dewey）
譯　　者／呂金燮（前言、1~6章）、吳毓瑩（7~11章）
企劃選書／黃靖卉
責任編輯／彭子宸

版　　權／吳亭儀、林易萱、江欣瑜
行銷業務／周佑潔、賴玉嵐、賴正祐、林詩富
總 編 輯／黃靖卉
總 經 理／彭之琬
第一事業群總經理／黃淑貞
發 行 人／何飛鵬
法律顧問／元禾法律事務所 王子文律師
出　　版／商周出版
台北市115南港區昆陽街16號4樓
電話：(02) 25007008　傳真：(02)25007759
E-mail：bwp.service@cite.com.tw
Blog：http://bwp25007008.pixnet.net/blog
發　　行／英屬蓋曼群島商家庭傳媒股份有限公司 城邦分公司
台北市115南港區昆陽街16號5樓
書虫客服服務專線：02-25007718；25007719
服務時間：週一至週五上午09:30-12:00；下午13:30-17:00
24小時傳真專線：02-25001990；25001991
劃撥帳號：19863813；戶名：書虫股份有限公司
讀者服務信箱：service@readingclub.com.tw
城邦讀書花園：www.cite.com.tw
香港發行所／城邦（香港）出版集團有限公司
香港九龍土瓜灣土瓜灣道86號順聯工業大廈6樓A室；E-mail：hkcite@biznetvigator.com
電話：(852) 25086231　傳真：(852) 25789337
馬新發行所／城邦（馬新）出版集團 Cite (M) Sdn. Bhd.
41, Jalan Radin Anum, Bandar Baru Sri Petaling,
57000 Kuala Lumpur, Malaysia.
Tel: (603) 90578822　Fax: (603) 90576622　Email: services@cite.my

封面設計／王俐淳
印　　刷／韋懋實業有限公司
經 銷 商／聯合發行股份有限公司
電話:(02)2917-8022　傳真（02）2911-0053
地址:新北市231新店區寶橋路235巷6弄6號2樓

■2018年9月4日初版一刷
■2024年3月19日一版3.2刷
定價350元

Printed in Taiwan

城邦讀書花園
www.cite.com.tw

商周出版

廣	告	回	函
北區郵政管理登記證			
北臺字第000791號			
郵資已付，免貼郵票			

104　台北市民生東路二段141號2樓

英屬蓋曼群島商家庭傳媒股份有限公司城邦分公司　收

請沿虛線對摺，謝謝！

商周出版

書號：BUE018　書名：明日學校：杜威論學校教育　編碼：

請於此處用膠水黏貼

商周出版

讀者回函卡

感謝您購買我們出版的書籍！請費心填寫此回函卡，我們將不定期寄上城邦集團最新的出版訊息。

不定期好禮相贈！
立即加入：商周出版
Facebook 粉絲團

姓名：＿＿＿＿＿＿＿＿＿＿ 性別：□男 □女

生日：西元＿＿＿＿年＿＿＿＿月＿＿＿＿日

地址：＿＿＿＿＿＿＿＿＿＿

聯絡電話：＿＿＿＿＿＿ 傳真：＿＿＿＿＿＿

E-mail：

學歷：□ 1. 小學 □ 2. 國中 □ 3. 高中 □ 4. 大學 □ 5. 研究所以上

職業：□ 1. 學生 □ 2. 軍公教 □ 3. 服務 □ 4. 金融 □ 5. 製造 □ 6. 資訊
□ 7. 傳播 □ 8. 自由業 □ 9. 農漁牧 □ 10. 家管 □ 11. 退休
□ 12. 其他＿＿＿＿＿＿

您從何種方式得知本書消息？

□ 1. 書店 □ 2. 網路 □ 3. 報紙 □ 4. 雜誌 □ 5. 廣播 □ 6. 電視
□ 7. 親友推薦 □ 8. 其他＿＿＿＿＿＿

您通常以何種方式購書？

□ 1. 書店 □ 2. 網路 □ 3. 傳真訂購 □ 4. 郵局劃撥 □ 5. 其他＿＿＿＿

您喜歡閱讀那些類別的書籍？

□ 1. 財經商業 □ 2. 自然科學 □ 3. 歷史 □ 4. 法律 □ 5. 文學
□ 6. 休閒旅遊 □ 7. 小說 □ 8. 人物傳記 □ 9. 生活、勵志 □ 10. 其他

對我們的建議：＿＿＿＿＿＿＿＿＿＿

【為提供訂購、行銷、客戶管理或其他合於營業登記項目或章程所定業務之目的，城邦出版人集團（即英屬蓋曼群島商家庭傳媒（股）公司城邦分公司、城邦文化事業（股）公司），於本集團之營運期間及地區內，將以電郵、傳真、電話、簡訊、郵寄或其他公告方式利用您提供之資料（資料類別：C001、C002、C003、C011 等）。利用對象除本集團外，亦可能包括相關服務的協力機構。如您有依個資法第三條或其他需服務之處，得致電本公司客服中心電話 02-25007718 請求協助。相關資料如為非必要項目，不提供亦不影響您的權益。】

1.C001 辨識個人者：如消費者之姓名、地址、電話、電子郵件等資訊。
2.C002 辨識財務者：如信用卡或轉帳帳戶資訊。
3.C003 政府資料中之辨識者：如身分證字號或護照號碼（外國人）。
4.C011 個人描述：如性別、國籍、出生年月日。

請於此處用膠水黏貼